STINA SPIEGELBERG

vegan X-mas

VEGANE PLÄTZCHEN FÜR WINTER & WEIHNACHTEN

Edition Fackelträger

STINA SPIEGELBERG

vegan X-mas

VEGANE PLÄTZCHEN FÜR WINTER & WEIHNACHTEN

MIT FOTOS VON MARIA BRINKOP

Edition Fackelträger

ÜBER DIE KÜCHENFEE

Stina Spiegelberg wuchs in der französischen Provinz auf und lernte schon als Kind bei einem befreundeten Pâtissier Madeleines, Éclairs und Krokant kennen – eine Bekanntschaft, der sie ihre Passion fürs Backen verdankt. Lange Jahre lebte sie vegetarisch, ab 2008 vegan. Es mangelte ihr allerdings an einfallsreichen Rezepten, die Lust auf eine bunte, vielfältige Küche machen. Daher lässt sie sich von der Vielfalt veganer Produkte inspirieren und zaubert selbst kreative Back- und Kochrezepte.

Mit leckeren und ausgefallenen Ideen gestaltet sie ihren Rezepteblog „Veganpassion", der die vegane Küche ansprechend, verlockend und vor allem ästhetisch präsentiert. Mit ihrer frischen und fröhlichen Art verzaubert Stina Spiegelberg die vegane Welt und geht mit einladenden Rezeptideen auf alle zu, die noch nicht vegan leben.

Inzwischen backen zahlreiche Cafés und Restaurants nach Rezepten der Küchenfee. Schülern, Unternehmen und Privatpersonen bringt sie in Kursen und Vorträgen die vegane Lebensweise nahe und gibt ihr Wissen weiter. Insbesondere ihre veganen Hochzeitstorten im französischen Design faszinieren mit romantischen Stilelementen und aufwändigen Verzierungen bis ins kleinste Detail.

2012 erhielt Stina Spiegelberg von der Tierrechtsorganisation PETA (People for the Ethical Treatment of Animals) den Progress Award für Jungunternehmer. Die UNESCO verlieh ihr einen Hauptpreis in der Kampagne „Ideen Initiative Zukunft – Ideen zur Nachhaltigkeit". Weiterhin setzt sich die engagierte Veganerin für die vegetarisch-vegane Kochausbildung in dem Projekt „Vegucation" des VEBU (Vegetarierbund Deutschland) ein.

Das erste große Backbuch, „Veganpassion – Vegane Lieblingsrezepte zum Backen", erschien im Herbst 2013 und wurde sogleich vom VEBU als bestes Backbuch 2013 bewertet.

LOVE LOVE LO

VEGANE GENIESSER-WEIHNACHTEN

VEGANE FESTE FEIERN

love it ♡

Vegan und Weihnachten?! Meine Mutter schlug die Hände über dem Kopf zusammen. Verzweifelt ging sie im Kopf Lebensmittel durch, die das Weihnachtsfest schmackhaft machen und die man als Veganer essen kann. Ihr anfänglich nur skeptischer Blick verfinsterte sich. Nun galt es, die äußerst kritische Familie von der veganen Idee zu überzeugen, und mir blieben nur noch wenige Wochen bis zum Fest. Ich probierte alle möglichen veganen Produkte aus, backte und kochte, rührte und verkostete – bis ich endlich meine liebsten Weihnachtsrezepte beisammen hatte.

Mit bis zum Deckel gefüllten Keksdosen und zuckersüßen Pralinen in hübschen Schachteln reiste ich an Heiligabend zu meinen Eltern. Als ich ihnen das selbst gemachte Gebäck überreichte, dachten sie schon, ich hätte dem Vegansein abgeschworen und machten sich sogleich über meine liebevoll zubereiteten Mitbringsel her. Als nur noch die Schokoschnute verriet, dass in den Verpackungen einmal Kekse gewesen waren, flüsterte ich ihnen zu: „Frohe vegane Weihnachten!“ Seither sind Gebäck und Menüvorschläge bei Familie und Freunden immer gerne gesehen. Und ich freue mich, sie alle mit veganen Rezepten bezaubern zu können.

Selbst gemachte vegane Köstlichkeiten überzeugen Skeptiker am ehesten. Denn frisch gebackenem Weihnachtsgebäck kann keiner widerstehen. Hübsch eingepackt, verziert mit Anhängern und Karten, freuen sich Familie, Freunde und Nachbarn immer über eine Kleinigkeit zum Naschen. So verführt der vegane Lebensstil auf subtile und zuckersüße Art.

WARENKUNDE

Mehl und Mahlerzeugnisse

Beim Backen ist Mehl unverzichtbar, denn es ist die Grundlage fast jeden Rezeptes. Das Angebot geht aber weit über das gängige Weizenmehl Type 405 hinaus. Denn die Welt der Mahlerzeugnisse hält für jeden Geschmack etwas bereit und der Kreativität sind keine Grenzen gesetzt. Die meisten der in diesem Backbuch enthaltenen Rezepte sind mit Weizen- oder Dinkelmehl gebacken, da diese Mehlsorten leicht erhältlich sind und gute Backeigenschaften aufweisen. Dennoch möchte ich dazu anregen, andere Mehlsorten auszuprobieren und offen für Neues zu sein.

Mehlsorten werden nach Typen unterschieden. Die Type gibt den Mineralstoffgehalt in Milligramm pro 100 Gramm Mehl an. So enthält das helle und backstarke Weizenmehl Type 405 405 mg Mineralstoffe pro 100 g Mehl, ein dunkles Weizenmehl vom Type 1050 hingegen mehr als doppelt so viele Mineralstoffe pro 100 g Mehl.

Abwechslung tut gut. Weizenmehl etwa lässt sich beim Backen in den meisten Fällen durch eine ähnliche Type Dinkelmehl ersetzen. Wer vollwertiger backen möchte, ersetzt einfach ein Drittel des Mehls durch eine Vollkornsorte. Vollkornmehl enthält, wie der Name schon sagt, das volle Korn, also auch alle Mineralstoffe aus dem Korn. Diese machen es aromatisch und damit gefertigte Backwaren körniger. Beim Backen mit Vollkorn sollte man nach Möglichkeit nicht ausschließlich Vollkornmehl verwenden. Durch die vielen Mineralstoffe und das anteilig geringere Verhältnis von Gluten im Mehl hat das Vollkornmehl ein geringeres Bindevermögen und die Backwaren bröseln leicht. Doch mit einem Esslöffel Öl und etwas pflanzlichem Bindemittel wie Pfeilwurzmehl oder Tapiokastärke gelingt auch das Vollkorngebäck.

Wenn ich experimentieren möchte, nehme ich zum Beispiel Einkorn-, Kastanien- oder auch Buchweizenmehl zum Backen.

Ohne Ei und ohne Gluten?

Am besten gelingt veganes Gebäck, das als solches konzipiert wurde. „Veganisieren" funktioniert nur in eingeschränktem Maße. Möchtest Du in deinem Lieblingsrezept das Ei ersetzen, so sei erwähnt, dass Ei verschiedene Backeigenschaften hat und daher auch unterschiedlich ersetzt werden kann. Plätzchen macht es mürbe, Kuchen wird saftig, Ei bindet und treibt den Kuchen in die Höhe. Aber das geht natürlich auch mit veganen Zutaten.

Plätzchen: Mürbeteigplätzchen gelingen ohne Ei, indem Du die angegebene Menge Ei durch pflanzliche Butter oder Margarine ersetzt.

Kuchen und Muffins: In Kuchen und Kleingebäck ist die Bindekraft entscheidend, außerdem sollten sie schön locker und saftig sein. Pfeilwurzmehl, Tapiokastärke (Tapiokamehl) oder im Handel erhältliches Ei-Ersatz-Pulver kann hier das Ei ersetzen. Locker und saftig wird der Kuchen mit etwas Mineralwasser und ein paar Löffeln Öl. Wer ein fruchtiges Aroma im Kuchen mag, kann den Teig mit einer pürierten Banane oder etwas Apfelmus binden. Auch Natur-Sojajoghurt und Sojamehl eignen sich. Dabei immer darauf achten, ob eine feste Zutat (z. B. Zucker) durch eine flüssige (z. B. Agavendicksaft) ersetzt wird und umgekehrt, denn dann ändert sich ggf. die Konsistenz.

Glutenfrei backen: Gluten ist der natürliche „Kleber" des Mehls. Gebäck aus glutenfreien Mehlsorten fehlt also das Bindemittel und es ist nicht so geschmeidig. Pralinen aus Schokolade, Ganache oder Cremes sind meist glutenfrei. Die Kekse und Kuchen aus diesem Backbuch kannst Du auch glutenfrei backen. Ersetze einfach die angegebene Mehlmenge im Verhältnis 2:1 durch Buchweizenmehl und Reisstärke und füge 1 EL Pfeilwurzmehl hinzu. Und mit einem zusätzlichen Esslöffel Öl wird der Rührkuchen wunderbar saftig.

Süße mal anders

Weihnachtsgebäck muss einfach süß schmecken, denn was wären Vanillekipferl und Spitzbuben ohne Zucker? Und doch gibt es beim Süßen so vieles zu entdecken, und Früchte, Sirup & Co. bringen neue Vielfalt ins Backen. Wer Süßungsmittel ersetzt, sollte auf Süßkraft und Konsistenz achten, denn manche Ersatzstoffe sind fest, andere flüssig.

Möchte man auf die reine Süße von Zucker nicht verzichten, so ist die naheliegende Alternative zum raffinierten Zucker der Rohrohrzucker. Dieser enthält wertvolle Mineralstoffe, die ihm die Karamellfarbe und auch seinen aromatischen Geschmack verleihen. Gänzlich unbehandelt findet man Zucker in der Form von kristallisiertem und gepresstem Zuckerrohrsaft, dem Vollrohrzucker. Seine dunkelbraune Farbe und der malzige Geschmack sind einzigartig und verleihen Traditionsgebäck eine ungewöhnliche Note. Nicht jede Zuckerart eignet sich jedoch für alle Gebäcksorten, Farbe und unterschiedliche Backeigenschaften sollten berücksichtigt werden.

Auch Stevia, Xylit & Co. versüßen Gebäck. Das pflanzliche Süßmittel Stevia ist als reines Steviolglycosid oder in Blattform erhältlich und besitzt eine besonders hohe Süßkraft mit lakritzartigem Geschmack. Es lässt sich am besten in Verbindung mit Haushaltszucker verwenden und sollte nur gering dosiert genossen werden. Xylit oder Xylitol (Birkenzucker) erfreut sich aufgrund der antikariogenen Wirkung großer Beliebtheit.

Wer ganz natürlich süßen möchte, greift auf Sirup und Dicksäfte zurück. Agaven- oder Apfeldicksaft und Ahornsirup bringen fruchtige bis herbe Karamellnoten ins Gebäck. Auch Trockenfrüchte und frisches Obst – von Datteln und Feigen über Aprikosen bis zu Äpfeln und Bananen – verleihen Gebäck einen fruchtig-süßen Geschmack.

3 Kg
CAPACITY 3kg
SENSITIVITY 10g
500g
2500g
2 Kg
1 Kg
1500g
Bloomingville

Die Welt der Gewürze

Die Weihnachtszeit ist auch eine Zeit der Gewürze. Von Anis bis Zimt finden wir heute alles im Laden, was eifrige Backelfen für feine Plätzchen brauchen. Am besten entfalten die Gewürze ihre Aromen, wenn sie im Mörser frisch gemahlen werden.

Anis: hat eine aromatische, süßlich-würzige, lakritzartige Note. In gemahlener Form lässt sich Anis in Füllungen und Plätzchenteigen verarbeiten.

Gewürznelken: werden als ganze Knospen oder gemahlen angeboten und schmecken scharf bis leicht brennend. Nelken kombiniert man am besten mit sauren Aromen und Zitrusfrüchten.

Kardamom: schmeckt besonders gut in Kombination mit Schokolade. Ob in Keksen oder im Weihnachtskakao – Kardamom hat einen unverkennbar holzigen Geruch.

Koriander: wird als Grün oft und gerne in der asiatischen Küche verwendet, findet beim Backen aber vor allem als gemahlene Saat Verwendung. Koriandersamen sind herbwürzig mit einem süßlichen Nachgeschmack.

Muskat: Von der Muskatpflanze sind sowohl die Nuss als auch ihre Blüte für die Weihnachtsbäckerei von Bedeutung. Während die Nuss ein würziges, weiches Aroma hat, verführt die Blüte (Macis) mit einem zitrusartigen Geschmack aus 1001 Nacht.

Piment: wird als ganzes Korn oder gemahlen angeboten und hat eine besonders würzige Note. Ätherische Öle verleihen ihm eine angenehme Schärfe. Piment ist aus Adventsgewürzmischungen kaum wegzudenken und als Zutat zum Lebkuchengewürz unverzichtbar.

Sternanis: gibt es im Handel als ganze Samen oder gemahlen. Riecht und schmeckt leicht nach Lakritze und ist süß. Die ganzen Früchte sind sehr dekorativ in ihrer Sternenform und schmücken den Gabentisch, gemahlen verfeinert Sternanis Punsch und gibt Kuchen einen feinen Geschmack.

Tonkabohne: Ähnlich der Vanille ist die Tonkabohne sehr weich im Geschmack und aromatisiert Gerichte mit einem süßlichen und gehaltvollen Aroma.

Vanille: darf in keiner Weihnachtsbäckerei fehlen. Die fermentierten Kapselfrüchte reichen von der beliebten Bourbon-Vanille bis zur fein-aromatischen Tahiti-Vanille. Wird im Handel als Stange, gemahlen oder als Vanillezucker angeboten.

LEBKUCHENGEWÜRZ

→ Ergibt ca. 2 TL Gewürzmischung.

1 Kardamomkapsel
2 Pimentkörner
2 Nelken
2 Sternanis
1 TL gemahlener Zimt
1 Msp. gemahlener Koriander
1 Msp. geriebene Muskatnuss
1 Msp. gemahlene Muskatblüte
1 Msp. Ingwerpulver

Kardamom, Piment, Nelken und Sternanis im Mörser fein mahlen und mit den anderen Gewürzen mischen. Gewürzmischung in einen kleinen Behälter füllen und luftdicht verschließen.

Wacholderbeeren: Die getrockneten Beeren sollten vor dem Würzen im Mörser gemahlen werden. Ihr rauchiges Aroma verfeinert auch süßes Gebäck.

Zimt: wird als ganze Rinde oder gemahlen angeboten. Zimtaroma ist süßlich und leicht brennend, je nach Herkunftsland unterschiedlich. Der feine Ceylon-Zimt aus Sri Lanka ist qualitativ der beste, der aus China stammende Cassia-Zimt schärfer im Geschmack.

Zitrus- oder Orangenzesten: Auch mit dem Abrieb von Zitronen- oder Orangenschalen lässt sich Gebäck aromatisieren. Ist mal keine frische Frucht im Haus: Beim Backzubehör sind die Schalen in getrockneter Form auch im Tütchen erhältlich.

SPEKULATIUSGEWÜRZ

→ Ergibt ca. 2 TL Gewürzmischung.

1 Kardamomkapsel
2 Nelken
2 Pimentkörner
1 gestr. TL gemahlener Ceylon-Zimt
1 Msp. gemahlene Muskatblüte
1 Msp. geriebene Muskatnuss

Kardamom, Nelken und Piment im Mörser fein mahlen und mit den anderen Gewürzen mischen. Gewürzmischung in kleine Behälter füllen und luftdicht verschließen.

AUSRÜSTUNG FÜR DIE BACKFEE

Vorbereitung ist die halbe Miete. Lege Dir vor dem Backen alle benötigten Utensilien zurecht, dann sparst Du später viel Zeit und kannst Dich voll und ganz aufs Backen konzentrieren. Mir macht es immer viel Spaß, vorher meine Lieblingsformen und -ausstecher herauszusuchen. Man benötigt natürlich nicht alle Utensilien für jede Kekssorte. Aber eine Rührschüssel und ein Backblech wären schon ganz hilfreich.

Zum Backen

Ausstecher: kann man nie genug haben. Große, kleine, runde, eckige, Blumen, Sterne, Herzen, Monde, Schneekristalle …

Backblech: Für die reibungslose Weihnachtsbäckerei empfehle ich drei Bleche. So kann man eines mit Leckereien belegen, während das zweite im Ofen ist und das dritte auskühlt. Warme Bleche sollten nicht mit Plätzchenteig belegt werden, denn dann verlieren die Plätzchen beim Backen ihre Form. Unbedingt Backpapier oder eine Backmatte verwenden.

Backformen: sollten sauber und kalt sein. Am besten lässt sich Gebäck daraus lösen, wenn sie mit etwas veganer Butter eingefettet und mit Mehl bestäubt wurden.

Backpapier oder auch Dauerbackfolie: verhindert das Festbacken der Plätzchen am Backblech, so lassen sie sich leicht lösen.

Gebäckwolf: eignet sich sehr gut für Spritzgebäck. Und man bekommt ohne große Muskelkraft gleichmäßige Keksformen auf das Backblech.

Küchenwaage: ermöglicht das genaue Abwiegen der Zutaten.

Nudelholz: Das Rollholz kann aus Holz oder Metall sein. Den Plätzchenteig immer wieder mit etwas Mehl bestäuben, damit kein Teig an der Rolle haften bleibt.

Rührschüssel: Das Fassungsvermögen sollte an die Teigmenge angepasst sein, damit der Küchenboden und die Wände so sauber wie möglich bleiben …

Rührgerät/Gabel: Für kleinere Teigmengen verwende ich gerne eine Gabel. So bemerke ich eher, wann ich noch einen Schluck Pflanzenmilch in den Teig geben muss und wann er genau die richtige Konsistenz hat.

Zum Dekorieren

<u>Lebensmittelfarbe:</u> In der Weihnachtsbäckerei darf es ruhig bunt zugehen. Wer auf synthetische Farbstoffe verzichten möchte, verwendet Frucht- und/oder Gemüsepulver.

<u>Pralinengabel:</u> Diese eignet sich wunderbar, um Gebäck oder Pralinen in Schokolade zu tauchen.

<u>Pralinengitter:</u> Gebäck, das mit Schokolade verziert oder überzogen wird, auf dem Pralinengitter abtropfen lassen.

<u>Schablonen:</u> Die einfachste und schnellste Art, Kekse und Kleingebäck zu verzieren, sind Schablonen. Einfach einen Stern oder eine Schneeflocke aus Papier ausschneiden und auf das Gebäck legen. Mit Puderzucker oder Kakao bestäuben, dann die Schablone wieder entfernen.

<u>Streudekor:</u> Ob Perlen, Sterne oder Zuckerherzen – beim Dekorieren sind der Fantasie keine Grenzen gesetzt. Wer selbst Hand anlegen möchte: Zuckerdekor lässt sich aus Fondant hervorragend selbst gestalten. Auch gehackte Trockenfrüchte und Nüsse machen sich als Deko gut.

<u>Spritzbeutel:</u> eignen sich gut für Makronen, Zuckerguss und Schokolade, denn sie verleihen dem Gebäck eine schöne Form. Ich verwende 75 Mikrometer (µm) starke Spritzbeutel, sie halten Druck recht gut aus und sind reißfest.

<u>Spritztüllen:</u> Mit unterschiedlichen Tüllen lassen sich die Kekse nach dem Auskühlen mit Zuckerguss bemalen. Möchtest Du ein und dieselbe Zuckerglasur mehrmals mit unterschiedlichen Tüllen auftragen, bietet der Einzelhandel Adapter an, die den Wechsel von Tüllen ohne Umfüllen des Zuckergusses ermöglichen.

<u>Temperierbehältnis:</u> zum Temperieren von Schokolade. Den Behälter mit gehackter Schokolade befüllen und diese im Wasserbad schmelzen.

AUFBEWAHREN UND VERPACKEN

Gekauftes Gebäck kann mit selbst gemachten Leckereien nicht mithalten – schon gar nicht zur Weihnachtszeit. Der Duft, der sich im ganzen Haus verbreitet, die Vorfreude auf den Plätzchenteller und das gemeinsame Naschen zu Heiligabend haben eine lange Tradition. Das ganze Jahr über freue ich mich auf die vielen aufregenden Gewürze und meine Plätzchenklassiker. Dann endlich ist es so weit und ich darf mit dem Backen loslegen.

Meist beginne ich ein paar Wochen vor dem ersten Advent zu backen, sodass zur Einstimmung auf die festlichen Tage eine kleine Auswahl leckerer Kekse und Pralinen bereitsteht. Entweder backe ich ganz euphorisch große Mengen und gleich für Nachbarn und Freunde mit oder die kleinere Portion muss sorgfältig verpackt und verstaut werden, damit sie sich bis zum Fest hält.

Haltbarkeit von Gebäck

Meist dauert das Backen länger als das Verputzen von Keksen & Co. Sollte dennoch etwas übrig bleiben, muss es sorgfältig für die Weihnachtstage aufbewahrt werden. Dabei sind die Aufbewahrungsmöglichkeiten für Gebäck so vielseitig wie die Geschmacksrichtungen.

Einfache Plätzchen & Cookies: Gebäck aus Mürbeteig lässt sich am besten in Metall- oder Glasdosen lagern. Darin hält es sich mehrere Wochen frisch.

Gefüllte Plätzchen: Mit Schokolade oder Marmelade gefüllte Plätzchen werden mit der Lagerung immer weicher. Spitzbuben & Co. schmecken nach etwa zwei Wochen am besten.

Lebkuchen & Nussgebäck: Lebkuchen kommen recht hart aus dem Backofen und werden mit der Zeit weicher, wenn man sie mit einem Apfelschnitz in einer Metalldose aufbewahrt. Den Apfelschnitz nach etwa einer Woche entfernen. Die Lebkuchen halten sich etwa drei bis vier Wochen.

Kuchen & Muffins: Kuchen und Muffins schmecken frisch gebacken am besten. Müssen sie doch einmal vorbereitet oder eine größere Menge aufbewahrt werden, so lassen sie sich gut in einer Kuchentransportbox lagern. Sollen sie länger aufbewahrt werden, Kuchen und Muffins in einem Gefrierbeutel ins Tiefkühlfach legen. Auf diese Weise warten sie bis zu drei Monate auf den Spontanbesuch willkommener Gäste. Allgemein gilt: Je feiner und kleiner das Gebäck, desto kürzer die Haltbarkeit. Gefüllte Kuchen, Torten und Muffins sind drei bis vier Tage haltbar, Napfkuchen sechs bis sieben Tage.

Cupcakes: Cupcakes lassen sich gut vorbereiten. Dazu die Küchlein backen und die Creme anrühren. Dann die Creme im Kühlschrank und die Cupcakes in einer Kuchentransportbox aufbewahren. Das Topping erst kurz vor dem Verzehr aufspritzen und verzieren. So lassen sich die feinen Minikuchen ein bis zwei Tage vor dem Servieren vorbereiten.

Pralinen: Pralinen sollten stets gekühlt und verpackt gelagert werden. Je nach Füllung sind sie unterschiedlich haltbar. Je mehr Schokolade die Füllung enthält, desto länger hält sich das Konfekt. So sind reine Schokopralinen mehrere Wochen, mit Ganache gefüllte Pralinen etwa eine Woche und Pralinen mit Sahnefüllung drei bis fünf Tage haltbar.

10 TIPPS FÜR DIE WEIHNACHTSBÄCKEREI

1.

Nimm Dir Zeit

Ich suche mir immer einige Plätzchen- und Gebäckrezepte heraus, die ich backen möchte und kaufe dann alle benötigten Zutaten ein, damit sie im Haus sind, wenn ich beginnen möchte.

2.

Bereite alle Zutaten vor

Sie sollten (fast alle) bei der Verarbeitung Raumtemperatur haben und daher rechtzeitig aus dem Kühlschrank genommen werden. Nach der Verarbeitung muss der Teig oftmals gekühlt ruhen. Für besonders formschöne Plätzchen die ausgestochenen Plätzchen vor dem Backen nochmals 10 Minuten kühlen.

3.

Arbeite mit Sorgfalt

Verarbeite den Teig mit Sorgfalt. Das beste Ergebnis erzielst Du dabei mit den Händen anstelle eines Elektrogerätes. Verwende für Rührteig einen Schneebesen und für Keksteig eine Gabel und misch die Zutaten gerade so lange, bis der Teig eine gleichmäßige Konsistenz hat. Rührt man veganen Teig zu lange, tritt das Gluten aus dem Mehl und sie werden klebrig und verlieren ihre guten Backeigenschaften.

4.

Die richtige Arbeitsfläche

Die richtige Arbeitsfläche ist glatt und leicht mit Mehl bestäubt. Den Teig beim Ausrollen immer wieder verschieben und mit etwas Mehl versehen. So lassen sich die ausgestochenen Plätzchen gut von der Arbeitsfläche lösen.

5.

Ersetze nicht zu viel

Ersetze nicht zu viele Zutaten auf einmal. Kreativität ist schön, aber wer zu viele der Zutaten gleichzeitig verändert, läuft Gefahr, ein unerwünschtes Ergebnis zu erhalten.

6.

Heize vor

Den Backofen immer vorheizen, sonst stimmen die angegebenen Backzeiten nicht. Die angegebenen Backzeiten sind nur Richtwerte. Öfen sind so unterschiedlich, dass ich die Backzeit nicht für jedes Fabrikat gesondert angeben kann. Wer einen Umluftherd besitzt, kann die Angaben einfach umrechnen. Die Umluftgradzahl ist 20 °C niedriger als die entsprechende Gradangabe bei Ober-/Unterhitze.

7.

Plätzchen nicht stören

Den Ofen möglichst nicht während des Backens öffnen. Dies stört die Wärmeverteilung im Ofen und die Plätzchen garen unterschiedlich. Außerdem geht unnötig Energie verloren.

8.

Plätzchen auskühlen lassen

Die Plätzchen gut auskühlen lassen, bevor sie mit Schokolade überzogen, gefüllt oder mit Zuckerguss verziert werden. Nur Kipferl werden noch heiß in Zucker gewendet.

9.

Gut verpacken

Damit sie sich gut halten, die Backwaren sorgfältig verpacken. Wie Plätzchen, Kuchen und Gebäck ordnungsgemäß verpackt werden, findest du im Kapitel „Aufbewahren und Verpacken" auf Seite 18.

10.

Schenken bringt Freu(n)de

Selbst gemachte Plätzchen sind ein herrliches Mitbringsel! Sie machen sich in Geschenkdosen, Schachteln oder bunten Beuteln besonders gut, und alle Lieben freuen sich darüber. Schau auch ab Seite 140, da gibt es süße Vorlagen.

DIE KLASSIKER

MARMORKIPFERL MIT TONKA

Der freche Klassiker einmal anders – herrlich aromatisch mit Tonkabohne.

→ Ergibt ca. 60 Stück.

Für den Kipferlteig:

200 g Weizenmehl Type 405

100 g blanchierte und gemahlene Mandeln

90 g Feinzucker

1 Tonkabohne

4 EL Pflanzendrink

140 g vegane Butter oder Margarine, zimmerwarm

1 EL Kakao

Für das Dekor:

100 g Zartbitterkuvertüre

In einer großen Schüssel Mehl, Mandeln und Zucker mischen. Die Tonkabohne mit einer feinen Raspel hineinreiben. Mit 3 EL Pflanzendrink und veganer Butter zu einem glatten Teig verkneten. Den Teig halbieren und in die eine Hälfte den Kakao und 1 EL Pflanzendrink einarbeiten. Beide Teige in Frischhaltefolie wickeln und 1 Stunde kalt stellen.

Den Backofen auf 180 °C Ober-/Unterhitze vorheizen.

Hellen und dunklen Teig zu schmalen Strängen formen, diese umeinanderschlingen und kurz durchkneten, sodass der Teig marmoriert aussieht. Die Arbeitsfläche mit etwas Mehl bestäuben und die Masse darauf zu einer Rolle formen. Gleichmäßige Stücke abschneiden, daraus kleine Kipferl formen, diese auf ein mit Backpapier ausgelegtes Backblech legen und ca. 12 Minuten backen. Die Kipferl sind fertig, wenn sich der helle Teig goldgelb färbt. Aus dem Ofen nehmen und vollständig auskühlen lassen.

Die Kuvertüre hacken und im Wasserbad bei mittlerer Hitze langsam schmelzen. Die Kipferl zur Hälfte in die Schokolade tunken und abtropfen lassen. Wenn die Schokolade getrocknet ist, Plätzchen in einer Metall- oder Glasdose aufbewahren.

DAS ORIGINAL: VANILLEKIPFERL

Für die Vanillekipferl die Tonkabohne durch ½ TL Vanillepulver ersetzen und den Kakao weglassen. Noch heiß mit Puderzucker bestäuben.

PERLENBESETZTE HIMBEER-ZITRONEN-KEKSE

Weihnachtszeit ist Dekozeit! Wer gerne verziert,
ist bei diesen Sugar Cookies genau richtig.

→ Ergibt ca. 60 Stück.

Für den Mürbeteig:

- 400 g Weizenmehl Type 405
- 100 g Feinzucker
- ½ TL Vanillepulver
- 1 Msp. Salz
- 200 g vegane Butter oder Margarine, zimmerwarm
- 2 EL Himbeerpaste (oder passierte Himbeermarmelade)
- abgeriebene Schale von ½ Zitrone
- 1 EL Zitronensaft

Für das Dekor:

- 2 EL Zitronensaft
- 150 g Puderzucker
- etwas Rote-Bete-Pulver (oder rote Lebensmittelfarbe)
- ca. 60 kleine Zuckerperlen

Mehl, Zucker, Vanille und Salz mischen. Vegane Butter, Himbeerpaste, Zitronensaft und -schale zugeben und alles zu einem glatten Teig kneten. Den Teig in Frischhaltefolie wickeln und 1 Stunde kalt stellen.

Den Backofen auf 170 °C Umluft vorheizen.

Den Teig auf einer mit Mehl bestäubten Arbeitsfläche ca. 3 mm dick ausrollen und verschiedene Motive ausstechen. Plätzchen auf ein mit Backpapier ausgelegtes Backblech legen und ca. 8 Minuten backen. Vollständig auskühlen lassen.

Zitronensaft und Puderzucker verrühren, mit Rote-Bete-Pulver rosa einfärben und den Guss auf die ausgekühlten Kekse streichen, mit den Zuckerperlen verzieren.

DAS ORIGINAL: BUTTERKEKSE

Für die Butterkekse Himbeerpaste und Zitrone
durch 2 EL Pflanzendrink ersetzen.
Die Zuckermenge auf 120 g erhöhen.

Für Dich
Für Dich

FRUCHTIGE JOHANNISBEERLEBKUCHEN

Hm! Lebkuchen. Was wären die Abende vor dem Kamin ohne sie?

→ Ergibt 50 Stück mit 5 cm ø.

Für den Teig:

80 g Dinkelvollkornmehl

100 g blanchierte und gemahlene Mandeln

150 g gemischte und gemahlene Nüsse

250 g Marzipanrohmasse

180 g Rohrohrzucker

1 Pck. Bourbon-Vanillezucker

½ TL Backpulver

4 EL dunkle Johannisbeermarmelade

60 ml Wasser

50 Backoblaten mit 5 cm ø

Für das Dekor:

200 g Zartbitterkuvertüre

bunte Zuckerstreusel

Den Backofen auf 180 °C Umluft vorheizen.

Mehl, Mandeln und Nüsse in eine große Rührschüssel geben, die Marzipanrohmasse mit den Händen hineinbröseln. Zucker, Backpulver, Marmelade und Wasser zugeben und mit dem Knethaken zu einem Teig verarbeiten. Es dürfen noch kleine Marzipanstückchen zu sehen sein.

Jeweils 1 TL Teig auf eine Backoblate geben und mit feuchten Fingern andrücken. Die Lebkuchen 12–15 Minuten backen, dabei öfter in den Ofen sehen, damit nichts anbrennt.

Die Lebkuchen über Nacht auskühlen lassen. Anschließend die Kuvertüre im Wasserbad erwärmen und die Lebkuchen damit bestreichen. Wer mag, kann sie bunt verzieren, z. B. mit Zuckerstreuseln.

DAS ORIGINAL: ELISENLEBKUCHEN

Für die Elisenlebkuchen die Johannisbeermarmelade durch Aprikosenmarmelade ersetzen, je 1 Msp. gemahlenen Zimt und Koriander hinzufügen. Die Lebkuchen mit Kuvertüre und blanchierten Mandelhälften verzieren.

LINZER PLÄTZCHEN

→ Ergibt ca. 50 Stück.

Für den Teig:

460 g Dinkelvollkornmehl

80 g gemahlene Haselnüsse

100 g Feinzucker

1 gestr. TL Backpulver

je 1 großzügige Prise gemahlener Zimt und Nelken

250 g vegane Butter oder Margarine, zimmerwarm

4 EL Pflanzendrink

Für die Füllung:

ca. 200 g Himbeermarmelade

2 EL Puderzucker zum Bestäuben

Mehl, Haselnüsse, Zucker, Backpulver und Gewürze mischen. Anschließend vegane Butter und Pflanzendrink hinzugeben und alle Zutaten zu einem glatten Teig kneten. Den Teig in Frischhaltefolie wickeln und 1 Stunde kalt stellen.

Den Backofen auf 180 °C Ober-/Unterhitze vorheizen.

Die Arbeitsfläche mit Mehl bestäuben, den Teig darauf ca. 3 mm dick ausrollen und runde Plätzchen ausstechen. Aus der Hälfte der Plätzchen mit einer kleinen runden Ausstechform Kreise ausstechen, sodass Ringe entstehen (alternativ kann man auch kleine Buchstaben, Sterne oder Herzen ausstechen). Die Plätzchen auf ein mit Backpapier ausgelegtes Backblech legen und je nach Größe etwa 10–12 Minuten backen. Die Plätzchen auskühlen lassen.

Die Marmelade mit einem Löffel verrühren, sodass sie geschmeidig wird. Jeweils einen ½ TL Marmelade zwischen zwei Plätzchen geben und leicht andrücken. Danach die Linzer Plätzchen mit Puderzucker bestäuben.

MERRY CHRISTMAS MERRY CHRISTMAS MERRY CHRISTMAS MERRY CHRISTMAS

LECKER
LINZER

LEBKUCHENSTANGEN

love it ♡ ↓

→ Ergibt ca. 60 Stück.

Für den Mürbeteig:

200 g Weizenmehl Type 405

200 g Dinkelmehl Type 630

100 g Zucker

30 g Stärke

abgeriebene Schale von ½ Zitrone

220 g vegane Butter oder Margarine, zimmerwarm

3 EL Pflanzendrink

½ TL Lebkuchengewürz

1 EL Kakao

1 EL Pflanzendrink

Für das Dekor:

100 g dunkle Kuvertüre

bunte Zuckerperlen

Mehl, Zucker, Stärke und Zitronenschale mischen. Mit der veganen Butter und dem Pflanzendrink zu einem glatten Teig kneten. Den Teig halbieren. Eine Hälfte des Teiges mit Gewürz, Kakao und etwas Pflanzendrink verfeinern. Beide Teigsorten in Frischhaltefolie wickeln und etwa 1 Stunde kalt stellen.

Den Backofen auf 180 °C Ober-/Unterhitze vorheizen.

Aus beiden Teigsorten dünne Stränge formen und diese umeinanderwickeln. 8 cm lange Stücke abschneiden. Ein Backblech mit Backpapier auslegen, die Stangen darauf legen und 10–12 Minuten backen. Die Plätzchen vor dem Verzieren gut auskühlen lassen.

Die Kuvertüre hacken und im Wasserbad bei mittlerer Temperatur langsam schmelzen. Die Zuckerstangen mit dem unteren Ende hineintunken und mit bunten Zuckerperlen bestreuen.

DAS ORIGINAL: SCHWARZ-WEISS-GEBÄCK

Für das Schwarz-Weiß-Gebäck das Lebkuchengewürz weglassen. Den dunklen und den hellen Teig getrennt ausrollen, aufeinander legen, aufrollen und in dünne Scheiben schneiden.

KEKSEEEEEE
KEKSEEEEEE

Mokka-Spritzgebäck

→ Ergibt ca. 80 Stück.

Für den Teig:

210 g Weizenmehl Type 405

60 g Speisestärke

70 g Puderzucker

1 Pck. Vanillezucker

2 EL starker Espresso

200 g vegane Butter oder Margarine, zimmerwarm

Für das Dekor:

ca. 100 g Zartbitterkuvertüre

2 EL Haselnusskrokant

Gebäckwolf

In einer großen Rührschüssel Mehl, Speisestärke, Puder- und Vanillezucker mischen. Dann mit Espresso und veganer Butter zu einem Teig kneten. Teig in Frischhaltefolie wickeln und 1 Stunde kalt stellen.

Den Backofen auf 180 °C Ober-/Unterhitze vorheizen.

Für den Spritzbeutel ist der Teig zu fest, deshalb die Masse in einen Gebäckwolf füllen und gleich lange Plätzchen abschneiden. Die Teigstreifen auf ein mit Backpapier ausgelegtes Backblech legen und in 10–12 Minuten backen. Vollständig auskühlen lassen.

Die Kuvertüre hacken und bei mittlerer Hitze im Wasserbad schmelzen. Eine Seite der Gebäckstücke in die Schokolade tunken und mit Krokant bestreuen.

Das Original: Vanille-Spritzgebäck

Für das Vanille-Spritzgebäck den Espresso durch Pflanzendrink ersetzen. Das fertige Gebäck mit Kuvertüre verzieren.

Bethmännchen

Mandel-Liebhaber aufgepasst:
Dieser Klassiker ist zum Niederknien.

→ Ergibt ca. 30 Stück.

Für den Plätzchenteig:

200 g Marzipanrohmasse

1 EL Pfeilwurzmehl (oder Tapiokastärke)

60 g Dinkelmehl Type 630

50 g Puderzucker

3 EL Pflanzendrink

Zum Dekorieren:

ca. 100 g Mandeln

2–3 EL Hafer Cuisine (oder eine andere Pflanzensahne)

evtl. etwas Zartbitterkuvertüre

Die Marzipanrohmasse würfeln und in eine Rührschüssel geben. Pfeilwurzmehl, Dinkelmehl und Puderzucker darübersieben. Pflanzendrink zugeben und mit Gabel oder Knethaken zu einem gleichmäßigen Teig kneten.

Die Mandeln in einem Topf mit kochendem Wasser übergießen und 5–10 Minuten ziehen lassen. Dann vorsichtig die Haut lösen und die Mandeln halbieren.

Den Backofen auf 170 °C Ober-/Unterhitze vorheizen.

Den Teig zu kirschgroßen Kugeln formen und diese rundherum mit drei Mandelhälften verzieren. Die Bethmännchen auf ein mit Backpapier ausgelegtes Backblech legen und mit etwas Pflanzensahne bestreichen.

Im Ofen ca. 15 Minuten goldgelb backen und auf dem Backblech auskühlen lassen.

Tipp:

Eine herbe Note bekommen die Bethmännchen, wenn man den Boden in geschmolzene Zartbitterkuvertüre taucht.

WALNUSS-DATTEL-QUADRATE

→ Ergibt 1 Blech mit ca. 36 kleinen Quadraten.

Für den Mürbeteig:

120 g vegane Butter oder Margarine, zimmerwarm

60 g Rohrohrzucker

1 Prise Salz

2 EL Pflanzendrink

100 g Dinkelmehl Type 630

120 g Dinkelmehl Type 1050

100 g Stachelbeermarmelade (oder Aprikosenmarmelade)

Für die Nuss-Mandel-Schicht:

50 g vegane Butter oder Margarine

100 g Rohrohrzucker

1 Pck. Vanillezucker

20 g heller Sirup (oder Agavendicksaft)

abgeriebene Schale von 1 unbehandelten Orange

100 g Hafer Cuisine (oder eine andere Pflanzensahne)

250 g gehackte Walnüsse

150 g gemahlene Mandeln

80 g Datteln, ohne Stein

¼ TL gemahlener Zimt

1 Msp. gemahlener Koriander

Für das Dekor:

150 g Zartbitterkuvertüre

Palette

Die vegane Butter mit Zucker und Salz in einer großen Rührschüssel schaumig schlagen. Pflanzendrink und Mehl zugeben und zu einem Teig kneten. Den Teig in Frischhaltefolie wickeln und 30 Minuten kalt stellen.

Den Backofen auf 180 °C Ober-/Unterhitze vorheizen.

Den Teig rechteckig auf die Größe eines Backblechs ausrollen und auf ein mit Backpapier ausgelegtes Backblech legen. Teig mit der Gabel mehrfach einstechen und auf mittlerer Schiene ca. 10 Minuten vorbacken. Aus dem Ofen nehmen, kurz abkühlen lassen und die Stachelbeermarmelade mit einer Palette auf den Mürbeteigboden streichen.

Vegane Butter, Rohrohrzucker, Vanillezucker, Sirup, Orangenabrieb und Pflanzensahne gemeinsam aufkochen, dann die Nüsse und Gewürze einrühren. Bei ausgeschaltetem Herd kurz ziehen lassen, bis die Masse andickt. Die Datteln hacken und unter die Masse heben. Die Nuss-Mandel-Masse auf den mit Marmelade bestrichenen Mürbeteig geben und glatt streichen. Die Teigplatte im Ofen 18–20 Minuten backen. Sie ist fertig, wenn der Rand goldbraun glänzt und die Nuss-Mandel-Schicht etwas verläuft. Das Blech für etwa 10 Minuten beiseitestellen. Dann das Gebäck mit einem scharfen Messer in Quadrate schneiden und vollständig auskühlen lassen.

Die Kuvertüre im Wasserbad schmelzen und die Quadrate damit verzieren.

FLORENTINER

Handliche Häppchen mit Weihnachtsaroma …

→ Ergibt ca. 60 Stück.

Für den Mürbeteig:

250 g Dinkelmehl Type 630

40 g Rohrohrzucker

1 Prise Salz

Mark von ½ Vanilleschote

100 g vegane Butter oder Margarine, zimmerwarm

80 ml Soja-Reis-Drink

Für die Florentiner-Nussmischung:

200 g gehackte Haselnüsse

50 g Kürbiskerne

25 g gehackte Pistazienkerne

100 g Mandelblättchen

100 g Mandelsplitter

50 g getrocknete Cranberrys

60 g Orangeat

70 g vegane Butter oder Margarine, zimmerwarm

80 g heller Sirup (oder Agavendicksaft)

100 g Rohrohrzucker

2 Pck. Vanillezucker

100 g gemahlene Mandeln

Mehl, Zucker, Salz und Vanillemark mischen. Mit veganer Butter und Pflanzendrink zu einem Teig kneten. In Frischhaltefolie wickeln und 30 Minuten kalt stellen.

Den Backofen auf 170 °C Ober-/Unterhitze vorheizen.

Den Teig dünn ausrollen. 60 Kreise mit ca. 3 cm ø ausstechen und diese ca. 8 Minuten vorbacken.

Haselnüsse, Kürbiskerne, Pistazien und Mandeln mischen und vorsichtig in einer Pfanne ohne Öl rösten. Vom Herd nehmen und beiseitestellen.

Cranberrys und Orangeat fein hacken. Mit veganer Butter, Sirup, Zucker und den gemahlenen Mandeln aufkochen. Die gerösteten Nüsse, Kerne und Mandeln unterheben. Die Mischung mit zwei Teelöffeln auf den vorgebackenen Mürbeteigplätzchen verteilen. Weitere 12 Minuten backen und die Plätzchen anschließend gut auskühlen lassen. In einer Metalldose aufbewahren.

TIPP:

Wer mag, kann die Florentiner auch in Zartbitterkuvertüre tunken, das gibt ihnen eine herbe Note.

MANDEL-SPEKULATIUS

Selbst gemachter Mandel-Spekulatius ist einfach nicht zu toppen!

→ Ergibt ca. 30 Stück, je nach Größe der Spekulatiusformen.

Für den Gewürzteig:

80 g Rohrohrzucker

4 EL Wasser

120 g vegane Butter oder Margarine, zimmerwarm

4 EL Pflanzendrink

250 g Weizenmehl Type 550

100 g blanchierte und gemahlene Mandeln

1 EL Pfeilwurzmehl

1 Pck. Vanillezucker

¼ TL Hirschhornsalz

2 TL Spekulatiusgewürz

2 EL Agavendicksaft

Für das Dekor:

50 g blanchierte und gehobelte Mandeln

Spekulatiusform

60 g Zucker mit 2 EL Wasser erhitzen und karamellisieren lassen, bis die Masse eine bräunliche Farbe angenommen hat. Etwas abkühlen lassen, dann vegane Butter und 2 EL Pflanzendrink einrühren und weiter abkühlen lassen. Mehl, Mandeln, Pfeilwurzmehl, den übrigen Zucker und den Vanillezucker, Hirschhornsalz und Gewürz in einer Rührschüssel mischen. Nun das Karamell, den Agavendicksaft und das übrige Wasser zugeben und mit den Knethaken des Rührgeräts oder einer Gabel zu einem gleichmäßigen Teig kneten. Den Teig in Frischhaltefolie wickeln und über Nacht kalt stellen.

Den Backofen auf 190 °C Ober-/Unterhitze vorheizen.

Die Arbeitsfläche mit Mehl bestäuben und den Teig darauf ca. 3 mm dick ausrollen. Die Spekulatiusformen in den Teig drücken und die Plätzchen ringsherum mit einem Messer ausschneiden.

Die Plätzchen auf der Unterseite mit Mandelblättchen belegen, auf ein mit Backpapier ausgelegtes Backblech legen und 12–15 Minuten backen. Spekulatius auf dem Backblech erkalten lassen.

TIPP:

Spekulatiusgewürz: 1 Kardamomkapsel, 2 Nelken und 2 Pimentkörner im Mörsel fein mahlen. Mit 1 gestr. TL gemahlenem Ceylon-Zimt, 1 Msp. gemahlener Muskatblüte und 1 Msp. geriebener Muskatnuss mischen. Zur Aufbewahrung in einem Glas luftdicht verschießen.

KEKSEEEEEE

Rosmarin-Heidesand mit Fleur de Sel

Der Rosmarin verleiht dem Heidesand ein ganz feines Aroma, das wunderbar mit Zucker, Zitrone und Fleur de Sel harmoniert.

→ Ergibt ca. 50 Stück.

Für den Mürbeteig:

180 g Zucker

1 Pck. Vanillezucker

200 g vegane Butter oder Margarine, zimmerwarm

300 g Weizenmehl Type 405

½ TL Fleur de Sel

2 TL Rosmarin, gehackt

abgeriebene Schale von 1 unbehandelten Zitrone

4 EL Pflanzendrink

150 g Zucker, Vanillezucker und vegane Butter in einer großen Schüssel mit dem Schneebesen schaumig schlagen. Mehl, Salz, Rosmarin, Zitronenschale und Pflanzendrink zugeben und zu einem glatten Teig kneten. Den Teig in Frischhaltefolie wickeln und 1 Stunde kalt stellen.

Den Backofen auf 190 °C Ober-/Unterhitze vorheizen.

Den Teig halbieren. Die Arbeitsfläche mit Mehl bestäuben und die Teighälften zu jeweils ca. 40 cm langen Broten formen. Den restlichen Zucker auf die Arbeitsfläche streuen und die Brote darin wälzen. Erneut in Frischhaltefolie wickeln und 30 Minuten kalt stellen.

Von den Broten ca. 1 cm dicke Stücke abschneiden. Die Plätzchen auf einem mit Backpapier ausgelegten Backblech ca. 15 Minuten backen. Auskühlen lassen und luftdicht aufbewahren.

Das Original: Heidesand

Für die klassischen Heidesand-Plätzchen das Fleur de Sel durch 1 Prise Meersalz ersetzen, den Rosmarin weglassen und nur den Abrieb einer ½ Zitrone verwenden.

KOKOSMAKRONEN

Karibik-Feeling mitten im Winter,
ahoi, wir kommen!

→ Ergibt ca. 30 Stück.

Für den Makronenteig:

- 50 g Puderzucker
- 3 EL Ei-Ersatz-Pulver
- 5 EL Wasser
- 100 g Marzipanrohmasse
- 100 g Kokosflocken
- 20 g Weizenmehl Type 405
- ¼ TL Backpulver

Für das Dekor:

- 80 g Zartbitterkuvertüre

Den Backofen auf 180 °C Ober-/Unterhitze vorheizen.

Den Puderzucker in eine Rührschüssel sieben und mit Ei-Ersatz und Wasser kräftig aufschlagen. Die Marzipanrohmasse grob raspeln und mit Kokosflocken, Mehl und Backpulver mischen. Aus dem Teig kleine Zipfel formen und ca. 10 Minuten backen. Vollständig auskühlen lassen.

Die Schokolade hacken und im Wasserbad bei mittlerer Hitze langsam schmelzen. Die Makronen mit dem Boden oder der Spitze hineintunken und abkühlen lassen. Das Gebäck luftdicht aufbewahren.

Spitzbuben

Fruchtig, knusprig, mürbe – eigentlich könnte ich Spitzbuben das ganze Jahr über essen!

→ Ergibt ca. 50 Stück.

Für den Mürbeteig:

400 g Dinkelmehl Type 630

100 g Feinzucker

1 Pck. Vanillezucker

abgeriebene Schale von 1 unbehandelten Zitrone

50 g gemahlene Haselnüsse

200 g vegane Butter oder Margarine, zimmerwarm

4 EL Pflanzendrink

Für die Füllung und das Dekor:

ca. 200 g Himbeermarmelade

2 EL Puderzucker zum Bestäuben

Mehl, Zucker, Vanillezucker, Zitronenschale und gemahlene Haselnüsse mischen. Anschließend vegane Butter und Pflanzendrink unterkneten. Den Teig in Frischhaltefolie wickeln und 1 Stunde kalt stellen.

Den Backofen auf 180 °C Ober-/Unterhitze vorheizen.

Die Arbeitsfläche mit etwas Mehl bestäuben, den Teig darauf ca. 3 mm dick ausrollen und runde Plätzchen ausstechen. Aus der Hälfte der Plätzchen mit einer kleinen runden Ausstechform Kreise ausstechen, sodass Ringe entstehen. Die Plätzchen auf ein mit Backpapier ausgelegtes Backblech legen und je nach Größe 10–12 Minuten backen. Anschließend vollständig auskühlen lassen.

Die Marmelade mit einem Löffel verrühren, sodass sie geschmeidig wird. Jeweils einen ½ TL Marmelade auf die Unterseite ohne Loch geben und verstreichen, den Deckel mit Loch aufsetzen und leicht andrücken. Zum Schluss die Spitzbuben mit Puderzucker bestäuben. Je länger sie lagern, desto weicher werden sie.

MERRY CHRISTMAS

Schoki

DIE SCHOKOLADIGEN

SCHOKO-COOKIES

Die dreifache Dosis Schokolade für alle Schokoholics.

→ Ergibt ca. 40 Stück.

Für die Cookies:

250 g Dinkelmehl Type 630

160 g Rohrohrzucker

100 g feine Haferflocken

1 TL Backpulver

Mark von 1 Vanilleschote

200 g vegane Butter oder Margarine, zimmerwarm

4 EL Pflanzendrink

60 g Zarbitter-Schokotropfen

30 g vegane weiße Schokotropfen

30 g vegane Milchschokotropfen

Den Backofen auf 190 °C Ober-/Unterhitze vorheizen.

In einer großen Rührschüssel Mehl, Zucker, Haferflocken, Backpulver und Vanillemark mischen. Mit veganer Butter und Pflanzendrink zu einem glatten Teig verkneten. Die Schokotropfen untermengen. Den Teig zu 40 gleich großen Kugeln formen. Zwei Backbleche mit Backpapier auslegen, die Kugeln im Abstand von mindestens 7 cm daraufsetzen und flach drücken.

Cookies 12–14 Minuten backen. Aus dem Ofen nehmen und vollständig auskühlen lassen.

TIPP:

Besonders hübsch sehen die Cookies aus, wenn sie nach dem Auskühlen mit geschmolzener Kuvertüre verziert werden.

HELLE PEKANNUSS-SCHOKO-COOKIES

→ Ergibt ca. 40 Stück.

Für die Cookies:

- 250 g Dinkelmehl Type 630
- 130 g Zucker
- 1 Pck. Vanillezucker
- 1 TL Backpulver
- 160 g vegane Butter oder Margarine
- 3 EL Sojadrink
- 60 g Pekannüsse
- 40 g vegane weiße Schokotropfen

Für das Dekor:

- 20 Pekannüsse
- 100 g vegane weiße Schokolade

Den Backofen auf 170 °C Ober-/Unterhitze vorheizen.

Für den Teig Mehl, Zucker, Vanillezucker und Backpulver in einer großen Rührschüssel mischen. Mit veganer Butter und Pflanzendrink zu einem glatten Teig verkneten. Pekannüsse hacken und mit den Schokotropfen in den Teig einarbeiten. Den Teig zu 40 gleich großen Kugeln formen. Zwei Backbleche mit Backpapier auslegen, die Kugeln im Abstand von mindestens 7 cm daraufsetzen und flach drücken.

Cookies 10–12 Minuten backen. Aus dem Ofen nehmen und vollständig auskühlen lassen.

Währenddessen die Pekannüsse halbieren und auf einem Backblech verteilen. Die weiße Schokolade hacken und im Wasserbad bei mittlerer Hitze langsam schmelzen. Die Pekannusshälften damit auf den Keksen befestigen. Zuletzt die Nüsse mit der geschmolzenen Schokolade verzieren.

MERRY CHRISTMAS MERRY CHRISTMAS MERRY CHRISTMAS MERRY CHRISTMAS

MIAMMIA

NOUGATNASCHWERK

love it ♥

→ Ergibt ca. 40 Stück.

<u>Für den Mürbeteig:</u>

400 g Dinkelmehl Type 630

100 g Rohrohrzucker

1 Pck. Vanillezucker

50 g gemahlene Haselnüsse

abgeriebene Schale von ½ unbehandelten Orange

200 g vegane Butter oder Margarine

3 EL Pflanzendrink

<u>Für die Füllung:</u>

100 g dunkles Nougat

40 g Zartbitterschokolade

In einer großen Schüssel Mehl, Zucker, Vanillezucker, Haselnüsse und Orangenschale mischen. Mit veganer Butter und Pflanzendrink zu einem glatten Teig verkneten. Den Teig in Frischhaltefolie wickeln und 1 Stunde kalt stellen.

Den Backofen auf 180 °C Ober-/Unterhitze vorheizen.

Den Teig auf einer bemehlten Arbeitsfläche ca. 3 mm dick ausrollen und verschiedene Motive ausstechen. Die Hälfte der Plätzchen in der Mitte mit einem Loch versehen.

Alle Plätzchen auf ein mit Backpapier ausgelegtes Backblech legen und ca. 10 Minuten backen. Aus dem Ofen nehmen und vollständig auskühlen lassen.

Nougat und Schokolade im Wasserbad bei mittlerer Hitze langsam schmelzen und vermischen. Jeweils ½ TL der noch warmen Creme zwischen zwei Plätzchen geben, leicht andrücken und erkalten lassen.

TIPP:

Besonders hübsch sehen die Plätzchen aus, wenn man sie mit Zuckerguss, Schokoperlen oder Dekorherzchen verziert.

3 kg
500g
1500g
2 kg
1 kg

MOHNBREZELN MIT WEISSER SCHOKOLADE

Sehen toll aus und eignen sich wunderbar als Geschenk.

→ Ergibt ca. 60 Stück.

Für den Brezelteig:

400 g Weizenmehl Type 405

30 g gemahlener Blaumohn

100 g Feinzucker

1 Pck. Vanillezucker

abgeriebene Schale von ½ unbehandelten Zitrone

220 g vegane Butter oder Margarine, zimmerwarm

4 EL Pflanzendrink

Für das Dekor:

100 g vegane weiße Schokolade

In einer großen Schüssel Mehl, Mohn, Zucker, Vanillezucker und Zitronenschale mischen. Mit veganer Butter und Pflanzendrink zu einem glatten Teig verkneten. Den Teig in Frischhaltefolie wickeln und 1 Stunde kalt stellen.

Den Backofen auf 180 °C Ober-/Unterhitze vorheizen.

Die Arbeitsfläche mit etwas Mehl bestäuben und den Teig darauf zu einer langen Rolle formen. Gleichmäßig große Stücke abschneiden, diese zu dünnen Strängen rollen und zu einer Brezel zusammenlegen. Die Brezeln auf ein mit Backpapier ausgelegtes Backblech legen und ca. 12 Minuten backen. Die Plätzchen sind fertig, wenn sich der Teig goldgelb färbt. Aus dem Ofen nehmen und vollständig auskühlen lassen.

Die Schokolade hacken und im Wasserbad bei mittlerer Hitze langsam schmelzen. Die Brezeln mit einer Seite in die Schokolade tunken und abtropfen lassen oder mit der Schokolade besprenkeln. Schokolade trocknen lassen und die Plätzchen anschließend in einer Metall- oder Glasdose aufbewahren.

SCHOKOTATZEN

Diese fein-herben Plätzchen
sind ein Geschmackserlebnis für Genießer.

→ Ergibt ca. 30 Stück.

Für den Mürbeteig:

50 g Dinkelmehl Type 630
170 g Stärke
80 g Puderzucker
1 Pck. Vanillezucker
30 g Kakao
200 g vegane Butter oder Margarine
2 EL Pflanzendrink

Für das Dekor:

100 g Zartbitterkuvertüre

Mehl, Stärke, Puderzucker, Vanillezucker und Kakao in einer großen Rührschüssel mischen. Mit veganer Butter und Pflanzendrink zu einem glatten Teig verarbeiten. Den Teig in Frischhaltefolie wickeln und mindestens 1 Stunde kalt stellen.

Den Backofen auf 180 °C Ober-/Unterhitze vorheizen.

Die Arbeitsfläche mit etwas Mehl bestäuben und den Teig darauf zu einer langen, abgeflachten Rolle formen. Längliche Kekse abschneiden und diese an einer Seite mit der Gabel eindrücken.

Die Plätzchen auf ein mit Backpapier ausgelegtes Backblech legen und 12 Minuten backen. Aus dem Ofen nehmen und vollständig auskühlen lassen.

Die Schokolade hacken und im Wasserbad bei mittlerer Hitze langsam schmelzen. Die kleinen Tatzen an der glatten Seite in die Schokolade tunken und erkalten lassen.

Mürbe Schokoladen-Kringel

→ Ergibt ca. 30 Stück.

Für den Spitzgebäckteig:

150 g Dinkelvollkornmehl

100 g Weizenmehl Type 405

60 g Speisestärke

2 EL Kakao

20 g gemahlene Haselnüsse

1 Msp. Vanillepulver

130 g Rohrohrzucker

1 Prise Salz

150 g vegane Butter oder Margarine, zimmerwarm

100 ml Hafer Cuisine (oder eine andere Pflanzensahne)

40 ml Pflanzendrink

Für das Dekor:

100 g Zartbitterschokolade

50 g vegane Milchschokolade

Spritzbeutel mit Sterntülle

Den Backofen auf 200 °C Ober-/Unterhitze vorheizen.

Mehl, Stärke, Kakao, Haselnüsse, Vanille, Zucker und Salz in einer Rührschüssel mischen. Mit veganer Butter, Pflanzensahne und Pflanzendrink zu einem Teig verrühren. Den Teig in einen reißfesten Spritzbeutel mit Sterntülle füllen und auf das mit Backpapier ausgelegte Blech spritzen.

Die Kringel ca. 15 Minuten backen. Aus dem Ofen nehmen und vollständig auskühlen lassen.

Die Schokolade hacken und im Wasserbad bei mittlerer Hitze langsam schmelzen lassen. Eine Hälfte der Plätzchen damit überziehen.

ENJOY

SESAM-KAKAO-PLÄTZCHEN

Knusperspaß mit einem Hauch Extravaganz.

→ Ergibt ca. 45 Stück.

Für den Mürbeteig:

200 g Weizenmehl Type 550

65 g Rohrohrzucker

1 geh. EL Kakao

100 g vegane Butter oder Margarine

2 EL Pflanzendrink

15 g schwarze Sesamsaat

Den Backofen auf 200 °C Ober-/Unterhitze vorheizen.

Mehl, Zucker und Kakao in einer Rührschüssel mischen. Mit veganer Butter und Pflanzendrink zu einem glatten Teig verkneten. Zuletzt den Sesam mit dem Mörser zerstoßen und untermischen.

Den Teig zu einer Rolle formen und kurze, gleichmäßige Stücke abschneiden. Diese zu Kugeln formen und mit einer Gabel zwei Mal in einem Winkel von 90 Grad versetzt flach drücken, damit ein Gittermuster entsteht.

Die Plätzchen auf ein mit Backpapier ausgelegtes Backblech legen und 12–15 Minuten backen. Anschließend gut auskühlen lassen und in einer Plätzchendose aufbewahren.

Mandelkringel mit heller Nougatfüllung

Himmlisch mürbe Kringel mit zartschmelzender Nussfüllung.

→ Ergibt ca. 60 Stück.

Für den Mürbeteig:

250 g Weizenmehl Type 405

100 g blanchierte und gemahlene Mandeln

50 g Speisestärke

90 g Puderzucker

abgeriebene Schale von ½ unbehandelten Zitrone

1 Prise Salz

1 Msp. Vanillepulver

250 g vegane Butter oder Margarine, zimmerwarm

3 EL Pflanzendrink

Für die Füllung:

150 g helles Nougat

Für das Dekor:

150 g Zartbitterkuvertüre

Gebäckwolf

Pralinengitter

Mehl, Mandeln, Stärke, Puderzucker, Zitronenschale, Salz und Vanille in einer Rührschüssel mischen. Vegane Butter und Pflanzendrink zugeben und mit dem Holzlöffel zu einem glatten Teig verrühren. Den Teig in Frischhaltefolie wickeln und mehrere Stunden kalt stellen. Etwa 1 Stunde vor dem Verarbeiten aus dem Kühlschrank nehmen, damit der Teig formbar ist.

Den Backofen auf 180 °C Ober-/Unterhitze vorheizen.

Den Teig noch einmal kurz durchkneten, dann portionsweise in einen Gebäckwolf füllen und gleich lange Streifen abschneiden. Diese auf einem mit Backpapier ausgelegten Backblech zu gleich großen Kreisen legen und ca. 8 Minuten backen. Kekse aus dem Ofen nehmen und vollständig auskühlen lassen.

Das Nougat in einer Schüssel im Wasserbad bei mittlerer Hitze langsam schmelzen und jeweils ½ TL zwischen zwei Kringel geben. Leicht andrücken und auskühlen lassen.

Die Schokolade hacken und im Wasserbad bei mittlerer Hitze langsam schmelzen. Die Mandelkringel auf einer Seite leicht in die Kuvertüre tunken und abtropfen lassen. Auf einem Pralinengitter auskühlen lassen.

DIE FRUCHTIGEN

PUNSCH-PIES

Sie sehen zuckersüß aus und schmecken auch so …

→ Ergibt ca. 60 Stück.

Für den Mürbeteig:

400 g Dinkelmehl Type 630

100 g Rohrohrzucker

50 g blanchierte und gemahlene Mandeln

1 Msp. Vanillepulver

1 Prise Salz

220 g vegane Butter oder Margarine, zimmerwarm

3 EL Pflanzendrink

Für die Punschmarmelade:

2 Kardamomkapseln

4 Nelken

200 g Kirschmarmelade

2 EL Rotwein

¼ TL gemahlener Zimt

abgeriebene Schale von 1 unbehandelten Orange

Mehl, Zucker, Mandeln, Vanille und Salz in einer großen Rührschüssel mischen. Zusammen mit der veganen Butter und dem Pflanzendrink zu einem glatten Teig kneten, diesen zu einer Kugel formen und in Frischhaltefolie eingewickelt im Kühlschrank mindestens 30 Minuten ruhen lassen.

Kardamom und Nelken im Mörser mahlen. Marmelade mit Rotwein, den Gewürzen und der Orangenschale im Topf kurz aufkochen und abkühlen lassen.

Den Backofen auf 170 °C Ober-/Unterhitze vorheizen.

Den gekühlten Teig auf der mit Mehl bestäubten Arbeitsfläche etwa 3 mm dick ausrollen und runde Plätzchen ausstechen. Aus der Hälfte der Plätzchen mit einer kleinen runden Ausstechform Kreise ausstechen. Auf die Plätzchen ohne Loch einen ½ TL der vorbereiteten Marmelade geben und den Deckel mit Loch darauflegen. Beide Teile mit einer Gabel ringsherum verschließen. So entsteht das geriffelte Pie-Muster.

Die Plätzchen auf einem mit Backpapier ausgelegten Backblech ca. 12 Minuten backen. Sie sind fertig, wenn sich der Rand tiefgolden färbt.

Mandelmürbchen mit dunkler Johannisbeerfüllung

→ Ergibt ca. 60 Stück.

Für den Mürbeteig:

400 g Weizenmehl Type 405

50 g gemahlene Mandeln

100 g Rohrohrzucker

1 Msp. Vanillepulver

abgeriebene Schale von 1 unbehandelten Zitrone

200 g vegane Butter oder Margarine, zimmerwarm

3 EL Soja-Reis-Drink

Für die Füllung und das Dekor:

ca. 200 g dunkle Johannisbeermarmelade

2 EL Puderzucker zum Bestäuben

Mehl, Mandeln, Zucker, Vanille und abgeriebene Zitronenschale in einer großen Rührschüssel mischen. Vegane Butter und Soja-Reis-Drink zugeben und alles zu einem glatten Teig kneten. Diesen in Frischhaltefolie einwickeln und mindestens 30 Minuten im Kühlschrank ruhen lassen.

Den Backofen auf 180 °C Ober-/Unterhitze vorheizen.

Den gekühlten Teig auf der mit Mehl bestäubten Arbeitsfläche etwa 3 mm dick ausrollen und Plätzchen in unterschiedlichen Formen ausstechen. Aus der Hälfte der Plätzchen mit einer kleinen runden Ausstechform Kreise ausstechen. Die Plätzchen auf ein mit Backpapier ausgelegtes Backblech legen und je nach Größe 10–12 Minuten backen. Danach auskühlen lassen.

Die Marmelade mit einem Löffel verrühren, sodass sie geschmeidig wird. Jeweils einen ½ TL Marmelade auf das Plätzchen ohne Loch geben und das Gegenstück mit Loch leicht andrücken. Die fertigen Plätzchen mit Puderzucker bestäuben.

Tipp:

Die Mandelmürbchen lassen sich ganz nach eigenem Geschmack mit der jeweiligen Lieblingsmarmelade füllen.

LOVE

ORANGE-KIRSCH-TERRASSEN

Wenn keine Schokolade drin ist, dann muss Marmelade rein.

love it ♡

→ Ergibt ca. 50 Stück.

Für den Mürbeteig:

600 g Dinkelmehl Type 630

150 g Rohrohrzucker

75 g blanchierte und gemahlene Mandeln

Abrieb von ½ unbehandelten Orange

1 Msp. gemahlener Zimt

1 Prise Salz

330 g vegane Butter oder Margarine, zimmerwarm

4 EL Pflanzendrink

Für die Füllung und das Dekor:

400 g Kirschmarmelade

2 EL Puderzucker zum Bestäuben

Mehl, Zucker, Mandeln, Abrieb, Zimt und Salz in einer Rührschüssel mischen. Mit der veganen Butter und dem Pflanzendrink zu einem Teig kneten, diesen in Frischhaltefolie wickeln und im Kühlschrank mindestens 30 Minuten ruhen lassen.

Den Backofen auf 170 °C Ober-/Unterhitze vorheizen.

Den Teig auf der mit Mehl bestäubten Arbeitsfläche etwa 3 mm dick ausrollen und zu gleicher Zahl drei unterschiedlich große Kreise, Sterne oder Rechtecke ausstechen. Die Plätzchen auf ein mit Backpapier ausgelegtes Backblech legen und 13–17 Minuten backen. Anschließend auskühlen lassen.

Marmelade geschmeidig rühren. Zuunterst die größten Plätzchen legen und diese mit einem kleinen Klecks Marmelade versehen. Dann die mittelgroßen Plätzchen darauflegen und abermals mit etwas Marmelade versehen. Zuoberst die kleinen Plätzchen setzen und die fertigen Terrassen mit Puderzucker bestäuben.

MIAMMIAM

Rosarote Erdbeeraugen

Farbenfrohe Wegbegleiter für trübe Tage.

→ Ergibt ca. 50 Stück.

Für den Mürbeteig:

250 g Weizenmehl Type 405

150 g Dinkelmehl Type 1050

100 g Feinzucker

1 Pck. Vanillezucker

50 g gemahlene Haselnüsse

Abrieb von ½ unbehandelten Orange

200 g vegane Butter oder Margarine, zimmerwarm

3 EL Pflanzendrink

Für die rosafarbene Teighälfte:

½ TL Rote-Bete-Pulver (oder etwas rote Lebensmittelfarbe)

Für die Füllung und das Dekor:

200 g Erdbeermarmelade

2 EL Puderzucker zum Bestäuben

Mehl, Zucker, Vanillezucker, Haselnüsse und Orangenschale in einer Rührschüssel mischen. Zusammen mit der veganen Butter und dem Pflanzendrink zu einem glatten Teig kneten. Diesen teilen und die eine Hälfte mit dem Rote-Bete-Pulver rosa färben. Beide Hälften in Frischhaltefolie wickeln und im Kühlschrank mindestens 30 Minuten ruhen lassen.

Den Backofen auf 180 °C Ober-/Unterhitze vorheizen.

Die Arbeitsfläche mit Mehl bestäuben, den rosafarbenen Teig darauf etwa 3 mm dick ausrollen und Kreise ausstechen. Anschließend den hellen Teig ausrollen, ebenfalls Kreise ausstechen und diese mit einem Loch versehen. Wer variieren möchte, sticht kleine Buchstaben, Sterne oder Herzen aus. Die Plätzchen auf ein mit Backpapier ausgelegtes Backblech legen und ca. 10 Minuten backen. Anschließend auskühlen lassen.

Auf die rosafarbenen Böden jeweils einen ½ TL Marmelade geben und mit dem gelochten Deckel verschließen. Die fertigen Augen mit Puderzucker bestäuben.

Für Dich

Zitronen-Pistazien-Knoten

Frisches, knuspriges Gebäck mit einer leichten Zitrusnote und knackigen Pistazien in einem eleganten Knoten.

→ Ergibt ca. 40 Stück.

Für den Mürbeteig:

400 g Weizenmehl Type 550

130 g Rohrohrzucker

2 TL Stärke

1 EL Ei-Ersatz-Pulver (oder Pfeilwurzmehl)

Abrieb von 2 unbehandelten Zitronen

200 g vegane Butter oder Margarine, zimmerwarm

6 EL Pflanzendrink

2 TL gehackte Pistazienkerne

Den Backofen auf 180 °C Ober-/Unterhitze vorheizen.

Mehl, Zucker, Stärke, Ei-Ersatz und Zitronenabrieb in einer Rührschüssel mischen. Die vegane Butter und den Pflanzendrink zugeben und alles zu einem gleichmäßigen Teig kneten. Anschließend die Pistazien dazugeben und noch einmal kurz durchkneten.

Die Arbeitsfläche mit etwas Mehl bestäuben. Den Teig in ca. 40 gleich große Stücke teilen, jedes Teigstück zu einem langen Strang rollen, diesen doppelt legen und in sich drehen. Zum Abschluss das geschlossene über das offene Ende des doppelten Teigstrangs legen und andrücken.

Ein Backblech mit Backpapier auslegen und die Knoten daraufsetzen. Dann mit etwas Pflanzendrink bestreichen und die Zitronen-Pistazien-Knoten 15–20 Minuten backen und anschließend auskühlen lassen.

MERRY CHRISTMAS MERRY CHRISTMAS MERRY CHRISTMAS MERRY CHRISTMAS

MIAM
MIAM

CRANBERRY-PINIEN-TASCHEN

Feinschmeckergebäck mit der fruchtigen Säure von Cranberrys.

→ Ergibt ca. 40 Stück.

Für den Mürbeteig:

300 g Dinkelmehl Type 630

60 g Rohrohrzucker

1 Pck. Vanillezucker

abgeriebene Schale von 1 unbehandelten Zitrone

1 Prise Salz

200 g vegane Butter oder Margarine, zimmerwarm

2 EL Pflanzendrink

40 g Marzipanrohmasse

Für die Füllung:

1 EL getrocknete Cranberrys

abgeriebene Schale von ½ unbehandelten Orange

50 g Pinienkerne

100 g Cranberry-Marmelade

Für das Dekor:

1 EL Pinienkerne

1 EL getrocknete Cranberrys

50 g Zartbitterschokolade

In einer großen Rührschüssel Mehl, Zucker, Vanillezucker, Zitronenschale und Salz mischen. In einer zweiten Schüssel die vegane Butter, den Pflanzendrink und die zerkleinerte Marzipanrohmasse mit dem Rührgerät mischen und zu den trockenen Zutaten geben. Das Ganze mit den Knethaken zu einem Teig kneten, diesen in Frischhaltefolie wickeln und 1 Stunde kalt stellen.

Die Cranberrys hacken und zusammen mit der Orangenschale und den Pinienkernen in die Marmelade rühren.

Den Backofen auf 180 °C Ober-/Unterhitze vorheizen.

Die Arbeitsfläche mit etwas Mehl bestäuben und den Teig darauf 2–3 mm dick ausrollen. Die Teigfläche in 4x4 cm große Quadrate schneiden, diese mit einem ½ TL Füllung versehen. Die Ränder der Quadrate mit Wasser befeuchten und zu Dreiecken zusammenklappen.

Die Dreiecke auf ein mit Backpapier ausgelegtes Backblech legen und ca. 10 Minuten backen. Auf dem Blech auskühlen lassen.

Die Pinienkerne ohne Öl kurz bei mittlerer Hitze in der Pfanne rösten, die Cranberrys hacken. Die Schokolade hacken und im Wasserbad schmelzen. Die Schokolade mit einem Löffel in Streifen über die Pinientaschen ziehen und mit Pinienkernen und gehackten Cranberrys bestreuen.

KEKSEEEEEE

FEIGEN-ZIMT-KNÖPFCHEN

Die Knöpfchen sind luftig-leicht und zergehen auf der Zunge wie kleine Wölkchen.

Ergibt ca. 50 Stück.

Für den Teig:

150 g Weizenmehl Type 405

70 g Feinzucker

1 Prise Salz

1 Prise Vanillepulver

100 g vegane Butter oder Margarine

2 EL Pflanzendrink

3 getrocknete Feigen

Für das Dekor:

3 EL Puderzucker

½ TL gemahlener Zimt

Mehl, Zucker, Salz und Vanille in einer Rührschüssel mischen. Mit der veganen Butter und dem Pflanzendrink zu einem glatten Teig kneten. Die Feigen fein hacken und vorsichtig in den Teig einarbeiten.

Den Backofen auf 170 °C Ober-/Unterhitze vorheizen.

Aus dem Teig eine Rolle formen und ca. 50 gleichmäßige Stücke abschneiden. Daraus Kugeln formen und diese ca. 12 Minuten backen.

Den Puderzucker sieben und mit Zimt mischen. Die Knöpfe noch warm darin wälzen und auskühlen lassen.

PFLAUMENSCHNECKEN

Die süßen Schnecken verschönern jeden Plätzchenteller und duften traumhaft nach Zimt.

Ergibt ca. 50 Stück.

Für den Mürbeteig:

200 g Dinkelmehl Type 630

70 g Rohrohrzucker

1 EL Stärke

abgeriebene Schale von ¼ unbehandelten Zitrone

125 g vegane Butter oder Margarine, zimmerwarm

1 EL Pflanzendrink

Für die Füllung:

ca. 120 g Pflaumenmus

¼ TL gemahlener Zimt

Mehl, Zucker, Stärke und Zitronenschale in eine Rührschüssel geben und gut mischen. Vegane Butter und Pflanzendrink zugeben und zu einem glatten Teig kneten. Den Teig in Frischhaltefolie wickeln und 1 Stunde kalt stellen.

Den Backofen auf 180 °C Ober-/Unterhitze vorheizen.

Den Teig halbieren und auf einer mit Mehl bestäubten Arbeitsfläche zu zwei Rechtecken von jeweils 20 x 12 cm ausrollen.

Pflaumenmus mit Zimt in einer kleinen Schale verrühren, bis es geschmeidig ist. Anschließend das Mus nicht ganz bis zum Rand auf die beiden Rechtecke streichen, diese einrollen und in ca. 1,5 cm dicke Scheiben schneiden. Die kleinen Röllchen mit ausreichend Abstand auf ein mit Backpapier ausgelegtes Backblech legen, ca. 12 Minuten backen und auf dem Blech auskühlen lassen.

KUCHEN UND KLEINGEBÄCK

Aromatisches Apfelbrot

Die kleinen Apfelbrote sind ein wirklich
schönes Mitbringsel zum Nachmittagstee.

→ Ergibt 2 kleine Brote (Kastenformen von 10–12 cm Länge).

Für die Apfelmasse:

320 g süß-säuerliche Äpfel (ca. 2 Stück), z. B. Boskop

1 EL Zitronensaft

60 g Agavendicksaft

1 EL Rum

60 g Sultaninen

100 g gemahlene Haselnüsse

20 g Orangeat

Für den Teig:

150 g Dinkelmehl Type 1050

100 g Dinkelmehl Type 630

1 ½ TL Backpulver

1 EL Kakao

½ TL gemahlener Zimt

1 Msp. gemahlene Nelken

1 Prise Salz

vegane Butter zum Einfetten

Für das Dekor:

etwas Puderzucker zum Bestäuben

2 kleine Kastenformen (10–12 cm)

Die Äpfel waschen, vom Kerngehäuse befreien und grob reiben. Apfelbrei mit Zitronensaft beträufeln und untermischen. Agavendicksaft, Rum, Sultaninen, Haselnüsse und Orangeat zugeben. Alles miteinander vermischen und über Nacht bei Zimmertemperatur ziehen lassen.

Den Backofen auf 180 °C Ober-/Unterhitze vorheizen.

Mehl mit dem Backpulver mischen und zusammen mit Kakao, Zimt, Nelken und Salz zu den Äpfeln geben. Alles gut mit einem Löffel zu einem Teig rühren.

Zwei kleinere Kastenformen mit etwas veganer Butter einfetten, die Masse hineinfüllen und 35–45 Minuten backen. Die Brote in der Form auskühlen lassen, mit einem Messer vorsichtig herauslösen und mit Puderzucker bestäuben.

Die Brote halten sich luftdicht verschlossen und kühl gelagert 3–4 Tage frisch.

MERRY X-MAS

MINI-GLÜHWEIN-GUGELHUPF

Feine Häppchen zum Naschen in geselliger Runde.

→ Ergibt ca. 12 Stück.

Für den Glühwein:

80 ml Rotwein

20 ml Orangensaft

2 TL Rohrohrzucker

2 Sternanis

1 Stange Zimt

Für den Rührteig:

150 g Dinkelmehl Type 630

50 g gemahlene Haselnüsse

30 g Speisestärke

90 g Rohrohrzucker

1 Pck. Vanillezucker

½ Pck. Backpulver

je 1 Msp. gemahlener Koriander, Kardamom, Anis und Muskat

30 g Orangeat

40 ml Öl

10 ml frisch gepresster Zitronensaft

140 ml Mineralwasser

vegane Butter zum Einfetten

Für das Dekor:

4–5 EL Puderzucker

2 EL Rotwein

einige Zuckersterne und -schneeflocken

Mini-Gugelhupf- oder Muffinförmchen

Rotwein mit Orangensaft, Zucker und Gewürzen kurz aufkochen, vom Herd nehmen und mindestens 12 Stunden bei geschlossenem Deckel ziehen lassen.

Den Backofen auf 160 °C Umluft vorheizen.

Mehl, Haselnüsse, Stärke, Zucker, Vanillezucker, Backpulver und gemahlene Gewürze mischen. Das Orangeat fein hacken und mit Öl, Zitronensaft und Mineralwasser zu den trockenen Zutaten geben. Zimt und Sternanis aus dem Rotweinsud nehmen, Flüssigkeit zu den anderen Zutaten hinzufügen und alles mit dem Schneebesen zu einem glatten Teig rühren.

Zwölf Mini-Gugelhupf- oder Muffinförmchen ausfetten und den Teig gleichmäßig darauf verteilen. 20–25 Minuten im Ofen backen. Mit einem Holzspieß die Garprobe machen, Kuchen herausnehmen, abkühlen lassen und stürzen.

Den Puderzucker in eine kleine Rührschüssel sieben und mit dem Rotwein glatt rühren. Den Guss auf die Gugelhupfe bzw. Muffins verteilen. Mit Zuckerdekor verzieren.

LEBKUCHEN-BROWNIES MIT BLÜTEN

Mein liebstes Weihnachtsrezept ist hiermit gelüftet.

→ Ergibt 1 Backform von 20 x 20 cm oder ein ½ Backblech.

Für den Rührteig:

- 200 g Marzipanrohmasse
- 40 ml Öl
- 250 g Weizenmehl Type 405
- 60 g Rohrohrzucker
- 1 Pck. Vanillezucker
- 200 g gemahlene Haselnüsse
- 1 TL Lebkuchengewürz (siehe Seite 15)
- 2 EL Kakao
- 1 Prise Salz
- 1 geh. TL Hirschhornsalz
- 50 g Orangeat
- 50 g Aprikosenmarmelade
- 300 ml stilles Wasser
- vegane Butter zum Einfetten

Für das Dekor:

- 60 g Halbbitterschokolade
- 2 EL Hafer Cuisine (oder eine andere Pflanzensahne)
- 4 EL Puderzucker
- 2 TL essbare getrocknete Blüten

Den Backofen auf 160 °C Umluft vorheizen.

Die Marzipanrohmasse mit dem Öl kurz im Mixer verrühren. Mehl, Zucker, Vanillezucker, Haselnüsse, Lebkuchengewürz, Kakao, Salz und Hirschhornsalz in einer Rührschüssel kurz mischen. Das Orangeat fein hacken, mit der Marzipanmasse, der Marmelade und dem Wasser dazugeben und mit dem Schneebesen zu einem glatten Teig rühren. In die gefettete Backform geben und ca. 40 Minuten backen. Mit einem Holzstäbchen die Garprobe machen und abkühlen lassen.

Die Schokolade hacken. Die Pflanzensahne erwärmen, über die Schokolade gießen und so lang rühren, bis die Schokolade vollständig geschmolzen ist. Dann den Puderzucker einsieben. Die Mischung auf dem Kuchen verteilen, auskühlen lassen und vor dem Servieren mit den getrockneten Blüten verzieren.

TIPP:

Im Fachhandel gibt es eine Vielzahl essbarer Blüten, z. B. Rosen-, Lavendel-, Malven-, Hibiskus- oder Erikablüten – der Fantasie sind keine Grenzen gesetzt.

Orangen-Marzipan-Cupcakes mit Spekulatiusmousse

love it ♡

→ Ergibt 12 Cupcakes oder 24 Mini-Cupcakes.

Für die Spekulatiusmousse:

200 g aufschlagbare vegane Sahne

1 TL Zucker

1 Prise Salz

1 EL Sahnesteif

20 g Kokosfett

100 g Zartbitterschokolade

½ TL Spekulatiusgewürz (siehe Seite 15)

Für den Rührteig:

125 g Dinkelmehl Type 630

125 g Weizenmehl Type 405

50 g Rohrohrzucker

½ Pck. Backpulver

100 g Marzipanrohmasse

40 ml neutrales Pflanzenöl

1 mittelgroße unbehandelte Orange, abgeriebene Schale und Filets

220 ml Mineralwasser

Für das Dekor:

2 EL Zuckerperlen oder Zuckersterne

Muffinförmchen

Spritzbeutel mit Sterntülle

Die Sahne mit Zucker, Salz und Sahnesteif aufschlagen. Kokosfett und Schokolade hacken und im Wasserbad langsam schmelzen. Leicht abkühlen lassen und unter die Sahne ziehen. Mit Spekulatiusgewürz abschmecken. Die Creme 1 Stunde kalt stellen.

Den Backofen auf 160 °C Umluft vorheizen.

Mehl, Zucker und Backpulver mischen. Die Marzipanrohmasse mit dem Öl in den Mixer geben oder in sehr kleine Würfel schneiden und zum Öl dazugeben. Mit der Orangenschale und dem Mineralwasser cremig schlagen. Die Orangenfilets klein schneiden und unterheben.

Den Teig auf zwölf Muffinförmchen verteilen und ca. 20 Minuten backen. Mit einem Holzstäbchen die Garprobe machen. Die Muffins auf einem Kuchengitter auskühlen lassen.

Die Mousse in einen Spritzbeutel mit Sterntülle füllen und die Creme auf die Küchlein spritzen. Mit Zuckerperlen verzieren.

Tipp:

Die Spekulatiusmousse eignet sich auch sehr gut als weihnachtliches Dessert: Ein paar Orangenfilets in Limoncello einlegen und mit der Mousse servieren.

QUARKSTOLLEN MIT MARZIPAN

→ Ergibt 1 Stollen.

Für die Früchtemischung:

50 g Orangeat

30 g Zitronat

100 g Rosinen

50 g Mandelstifte

50 ml Rum

Für den Vorteig:

50 ml Pflanzendrink, zimmerwarm

½ Hefewürfel (oder ½ Pck. Trockenbackhefe)

30 g Agavendicksaft

100 g Weizenmehl Type 550

Für den Hauptteig:

150 g Weizenmehl Type 550

30 g Rohrohrzucker

Mark von 1 Vanilleschote

1 Prise Salz

abgeriebene Schale von ½ unbehandelten Zitrone

2 Kardamomkapseln

4 Gewürznelken

100 g Marzipanrohmasse

100 g vegane Butter oder Margarine, zimmerwarm

75 g Sojaquark (120 g Sojajoghurt, Natur, über Nacht im Kaffeefilter abtropfen lassen)

1 Msp. gemahlene Muskatblüte

1 Msp. Ingwerpulver

¼ TL gemahlener Zimt

Für das Dekor:

60 g vegane Butter oder Margarine

100 g Puderzucker zum Bestäuben

Kastenform oder Backrahmen

Orangeat und Zitronat fein hacken und mit den Rosinen und Mandelstiften in eine Schüssel geben. Mit Rum beträufeln und über Nacht bei Raumtemperatur ziehen lassen.

Pflanzendrink, Hefe und Agavendicksaft glatt rühren. Mehl zugeben und alles zu einem festen, geschmeidigen Teig verkneten. Mit Mehl bestäuben und mit einem Küchentuch abdecken. An einem kühlen Ort 5 Stunden gehen lassen, damit sich das Volumen verdoppelt.

Mehl, Zucker, Vanillemark, Salz und Zitronenschale in einer Rührschüssel mischen. Kardamomkapseln und Gewürznelken im Mörser fein mahlen, Marzipanrohmasse würfeln. Vegane Butter, Quark, Marzipan, Kardamom, Nelken und die übrigen Gewürze geben und alles gut miteinander vermischen. Vor- und Hauptteig miteinander verkneten, bis sich der Teig vom Schüsselrand löst. Den Teig zu einer Kugel formen, in eine mit Mehl bestäubte Schüssel legen und 2 Stunden bei Raumtemperatur gehen lassen.

Die Arbeitsfläche mit Mehl bestäuben und den Teig darauf etwas in die Breite ziehen. Die Früchtemischung darauf geben und vorsichtig einarbeiten. Die Teigkugel zu einem 20x20 cm großen Quadrat ausrollen und die eine Seite über die andere schlagen, sodass sich die charakteristische Stollenform ergibt. Den Stollen in eine Kastenform legen oder auf einem mit Backpapier ausgelegten Backblech mit einem Backrahmen umgeben. Erneut 30 Minuten bei Raumtemperatur gehen lassen.

Den Backofen auf 200 °C Ober-/Unterhitze vorheizen. Den Stollen in den Ofen schieben, Temperatur auf 170 °C herunterschalten und ca. 45 Minuten backen.

Den noch heißen Stollen mit zerlassener veganer Butter bestreichen und den Puderzucker darüberstreuen. Den Vorgang drei- bis viermal wiederholen, bis eine weiße Zuckerschicht auf dem Stollen zu sehen ist. Erst nach 2–3 Wochen entfaltet der Quarkstollen sein volles Aroma, deshalb fest in Alufolie wickeln und an einem kühlen Ort (nicht im Kühlschrank) ruhen lassen.

BEEREN-MARZIPAN-BLECHKUCHEN

Frischekick für müde Wintertage.

→ Ergibt ½ Backblech.

Für den Rührteig:

250 g Dinkelmehl Type 630

100 g Zucker

1 TL Backpulver

½ TL Natron

abgeriebene Schale von ½ unbehandelten Zitrone

1 Msp. Vanillepulver

100 ml Pflanzendrink

100 g vegane Butter oder Margarine, zimmerwarm

Für die Füllung:

100 g Marzipanrohmasse

4 EL Pflanzendrink

180 g gemischte rote Beeren (frisch oder tiefgekühlt)

50 g Mandelblättchen

Den Backofen auf 180 °C Ober-/Unterhitze vorheizen.

In einer Schüssel Mehl, Zucker, Backpulver, Natron, Zitronenschale und Vanillepulver mischen. Pflanzendrink und vegane Butter zugeben und mit dem Holzlöffel zu einem glatten Teig rühren. Den Teig auf ein mit Backpapier ausgelegtes Backblech streichen und mit dem Finger Löcher hineindrücken.

Die Marzipanrohmasse würfeln und mit dem Pflanzendrink glatt rühren. Die Marzipanmasse in die Löcher des Teiges geben und die Beeren darüberstreuen. Den Kuchen ca. 20 Minuten backen. Dann mit Mandelblättchen bestreuen und weitere 10 Minuten backen, bis sich die Kruste goldbraun färbt.

TIPP:

Tiefgekühlte Beeren rechtzeitig auftauen und gut abtropfen lassen, da sonst das Backverhalten des Kuchens beeinträchtigt wird.

EAT
ME

WINTERLICHER ZUPFKUCHEN

Leckeren Glühweintee dazu genießen und einfach nichts tun.

→ Ergibt 1 Kuchen von 18 cm ø.

Für den Mürbeteig:

150 g Weizenmehl Type 405

1 geh. EL Rohrohrzucker

1 EL Kakao

1 Prise Salz

½ TL Lebkuchengewürz (siehe Seite 15)

70 g vegane Butter oder Margarine

3 EL Pflanzendrink

vegane Butter zum Einfetten

Für die Füllung:

60 g vegane Butter oder Margarine, zimmerwarm

90 g Feinzucker

90 g blanchierte und gemahlene Mandeln

60 g Stärke

Mark von 1 Vanilleschote

1 Prise Salz

abgeriebene Schale von ½ unbehandelten Zitrone

1 Prise gemahlener Zimt

1 Prise Backpulver

500 g Sojajoghurt, Natur

Springform, 18 cm ø

Mehl, Zucker, Kakao, Salz und Lebkuchengewürz in einer Rührschüssel mischen. Vegane Butter und Pflanzendrink zugeben und alles so lange kneten, bis es sich gut zu einem Teig verbunden hat. Eine Springform mit 18 cm ø einfetten und die Kuchenform mit ¾ des Teiges auslegen. Dabei einen ca. 3 cm hohen Rand bilden und den Boden mehrmals mit einer Gabel einstechen.

Den Backofen auf 200 °C Ober-/Unterhitze vorheizen.

In einer Rührschüssel vegane Butter und Zucker schaumig schlagen. Nach und nach Mandeln, Stärke, Vanillemark, Salz, Zitronenabrieb, Zimt und Backpulver zugeben und mit einem Kochlöffel gut mischen. Dann den Joghurt esslöffelweise zugeben, damit nichts verklumpt, und glatt rühren. Die Füllung auf den Mürbeteig geben. Den restlichen Mürbeteig zu Sternen ausstechen und auf den Kuchen legen.

Den Zupfkuchen etwa 45 Minuten backen. Er ist fertig, wenn er golden glänzt. Sollte er zu früh dunkel werden, einfach mit etwas Alufolie abdecken und weiterbacken. Vor dem Anschneiden mindestens 1 Stunde auskühlen lassen.

TIPP:

Für eine Springform mit 24 cm ø die Angaben verdoppeln. Garzeiten entsprechend anpassen.

MIAM
MIAM

PRALINEN UND KONFEKT

SALBEI-SAHNE-TRÜFFEL

Dunkle Schokolade mit einer zartschmelzenden Salbei-Ganache – für Genießer!

Für ein noch intensiveres Aroma die Salbeiblätter im Mörser zerkleinern und in der Sahne belassen.

→ Ergibt ca. 30 Stück.

Für die Schokoladenhülle:

200 g Zartbitterschokolade

Für die Salbei-Ganache:

50 ml Hafer Cuisine (oder eine andere Pflanzensahne)

2–3 Salbeiblätter

100 g vegane Milchschokolade

25 g vegane Butter oder Margarine

1 Msp. Vanillepulver

Für das Dekor:

2 essbare Blüten

1 TL Fleur de Sel

Küchenthermometer

Pralinenförmchen (oder kleine Aluförmchen)

Spritzbeutel mit Sterntülle

Die Schokolade temperieren. Dafür die Schokolade hacken, davon 130 g im Wasserbad auf 42 °C erwärmen und mit der restlichen Schokolade auf 29 °C herunterkühlen, danach wieder langsam auf die Verarbeitungstemperatur von 31 °C bringen und die Temperatur konstant halten. Mit einem Pinsel Boden und Ränder der Pralinenförmchen mit der geschmolzenen Schokolade einstreichen. Für 15 Minuten kalt stellen, dann den Vorgang so oft wiederholen, bis der Rand ausreichend Stabilität für eine Füllung bietet. Die Schokoladenförmchen vollständig erstarren lassen und vorsichtig aus den Formen lösen.

Die Pflanzensahne mit den Salbeiblättern aufkochen, vom Herd nehmen und bei geschlossenem Deckel 2–3 Stunden ziehen lassen. Die Flüssigkeitsmenge sollte sich dann halbiert haben.

Die Salbeiblätter aus der Pflanzensahne nehmen. Die Schokolade hacken, mit der Salbeisahne und der veganen Butter im Wasserbad schmelzen lassen. So lange rühren, bis die Schokolade geschmolzen ist, dann das Vanillepulver einrühren. Die Ganache abkühlen lassen, in den Kühlschrank stellen und alle 5 Minuten die Konsistenz prüfen. Zur optimalen Verarbeitung sollte sie cremig und nicht zu fest sein.

Die Ganache mit einem Schneebesen rasch aufschlagen, in einen Spritzbeutel mit Sterntülle füllen und in die vorbereiteten Schokoladenförmchen spritzen. Mit Blüten und 1 Prise Fleur de Sel krönen.

TIPP:

Wer vor dem Temperieren zurückschreckt, kann für die Pralinenförmchen statt der Schokolade auch zartbittere Schokoglasur verwenden. Die wird auch schön knackig und lässt sich ganz einfach im Wasserbad oder sogar in der Mikrowelle schmelzen.

ORANGEN-DATTEL-BÄUMCHEN

Gewürzkonfekt, bei dem einem allein
vom Duft warm ums Herz wird.

→ Ergibt ca. 18 Stück.

Für den Rührteig:

100 g Dinkelmehl Type 630

45 g Feinzucker

2 Pck. Vanillezucker

1 EL Kakao

1 EL blanchierte und gemahlene Mandeln

½ TL Natron

je 1 Msp. gemahlener Zimt, Kardamom, Koriander

1 Msp. gemahlene Gewürznelken

1 EL Öl

100 ml Wasser

1 TL Apfelessig

Für den Cake-Pop-Teig:

8 Datteln

1 EL Orangeat

2 EL vegane Butter oder Margarine, zimmerwarm

1 Pck. Vanillezucker

Für das Dekor:

250 g vegane weiße Schokotropfen

Spinatpulver (oder grüne Lebensmittelfarbe)

2 EL Zuckerperlen und Zuckersterne

18 Lolliestiele

Spritzbeutel mit feiner Lochtülle

Den Backofen auf 160 °C Umluft vorheizen.

In einer Rührschüssel Mehl, Zucker, Vanillezucker, Kakao, Mandeln, Natron und Gewürze mischen. Öl, Wasser und zuletzt den Essig zugeben und alles glatt rühren. Den Teig in 3 Backförmchen (10 cm ø) füllen und ca. 20 Minuten backen. Anschließend gut auskühlen lassen.

Die Datteln entkernen und zusammen mit dem Orangeat fein hacken. Vegane Butter und Vanillezucker in einer Rührschüssel schaumig schlagen. Orangeat und Datteln einrühren. Die drei kleinen Kuchen fein in die Masse krümeln und alles miteinander vermischen. Zu kleinen Tannen oder Kegel formen.

Die Schokolade im Wasserbad schmelzen. Ggf. einen kleinen Teil zum Verzieren zurückbehalten, den Rest mit Spinatpulver einfärben. Die Bäumchen auf einen Lolliestiel setzen und in die gefärbte Schokolade tauchen. Die restliche weiße Schokolade in einen Spritzbeutel mit feiner Lochtülle füllen und die Bäumchen damit verzieren. Nach Belieben mit Perlen und Sternen dekorieren.

PUNSCHPRALINEN

Feinste weiße Schokoladenherzen gefüllt mit köstlicher Punschcreme – lecker.

Ergibt ca. 20 Stück.

Für die Punschessenz:

250 ml Rotwein

5 EL Feinzucker

½ TL Agar-Agar

4 Gewürznelken

je 1 Msp. gemahlener Zimt, Kardamom, Koriander

Abrieb von ½ unbehandelten Zitrone

Saft und Abrieb von 1 unbehandelten Orange

Für die Punschcreme:

200 g aufschlagbare vegane Sahne

100 g vegane weiße Schokolade

40 g Kokosfett

Für die Pralinenformen:

200 g vegane weiße Schokolade

Küchenthermometer

Pralinenförmchen

Palette

3 EL Rotwein mit Zucker und Agar-Agar glatt rühren. Den restlichen Rotwein mit den Gewürzen, Orangensaft und dem Abrieb der Zitrusfrüchte aufkochen. Die Agar-Agar-Mischung einrühren und alles 4 Minuten köcheln lassen. Dann vom Herd nehmen und kurz abkühlen lassen.

Die Sahne aufschlagen. Schokolade und Kokosfett schmelzen und zur Sahne geben. Die festen Teile aus der Punschessenz herausnehmen und 4–6 EL davon unter die Sahne-Schokoladen-Creme ziehen. 2–3 Stunden kalt stellen.

Während der Kühlzeit die Pralinenformen vorbereiten. Die Schokolade temperieren, damit sie später schön knackig wird. Dafür die Schokolade hacken und 120 g davon im Wasserbad auf etwa 42 °C erwärmen (geht einfach mit einem digitalen Küchenthermometer), dann 50 g Schokolade zugeben und mit der geschmolzenen Schokolade verrühren, bis die Schokomasse auf knapp unter 27 °C heruntergekühlt ist. Abschließend die Schokolade wieder vorsichtig auf 29 °C erwärmen. Nun kann sie verarbeitet werden: Die vorgewärmten Pralinenförmchen ganz mit der Schokolade füllen, die überschüssige Masse abstreifen und die Förmchen auf dem Kopf 20 Sekunden abtropfen lassen. Die Förmchen 30 Minuten kalt stellen, damit die Schokolade fest wird.

Die Füllung in die Hohlkörper geben und die Pralinen wieder 30 Minuten kühlen. Zum Abschluss die fest gewordene weiße Schokolade noch einmal temperieren (s. o.), zum Herunterkühlen die restliche Schokolade verwenden. Schokolade auf die Pralinen gießen, überschüssige Schokolade mit der Palette abziehen und die fertigen Pralinen mindestens 1 Stunde kühlen.

TIPP:

Von der Punschessenz wird nur etwa die Hälfte für die Pralinenfüllung benötigt. Die andere Hälfte hält sich im Kühlschrank 3–4 Tage. Köstlich schmecken 1–2 TL davon in einem Becher Früchtetee.

Schicht-Fudge mit Schokolade und Früchten

Sündhaft leckere Häppchen voller Überraschungen – ein Gedicht.

→ Ergibt ca. 32 Stück à 2 x 2 cm in einer Form von 8 x 16 cm.

Für den Fudge:

- 150 g Zartbitterschokolade
- 100 g vegane Milchschokolade
- 35 g vegane Butter oder Margarine
- 110 g Hafer Cuisine (oder eine andere Pflanzensahne)
- 30 g getrocknete Aprikosen
- 30 g getrocknete Cranberrys
- 30 g Orangeat
- 50 g Walnüsse
- 40 g gehackte Mandeln
- 20 g gehackte Pistazien
- 2 Gewürznelken
- 2 Kardamomkapseln
- 1 Msp. gemahlene Muskatblüte
- 1 Msp. gemahlener Zimt
- abgeriebene Schale von ½ unbehandelten Orange
- 3 große Oblaten, evtl. auf 8 x 16 cm zuschneiden

Für das Dekor:

- 50 g Kuvertüre nach Wahl
- 2 EL essbare Blüten

Backform (8 x 16 cm)

Die Schokolade fein hacken und im Wasserbad mit veganer Butter und Pflanzensahne schmelzen. Dörrobst, Orangeat und Nüsse fein hacken und unterheben. Gewürznelken und Kardamomkapseln im Mörser fein mahlen. Mit Muskatblüte, Zimt und Organgenabrieb unter die Schokomasse ziehen.

Eine kleine rechteckige Form mit Backpapier auslegen und eine große Oblate hineinlegen. Die Hälfte des Fudge darauf glatt streichen. Die zweite Oblate darauflegen, diese mit dem restlichen Fudge bedecken und mit der dritten Oblate abschließen. Abkühlen lassen, bis die Masse fest ist. Fudge mit einem scharfen Messer in 2 x 2 cm große Stücke schneiden.

Kuvertüre im Wasserbad schmelzen und damit die Ränder der Pralinen verzieren. Essbare Blüten auf die noch weiche Kuvertüre streuen. Vollständig auskühlen lassen.

SCHOKO-KNUSPERBERGE

Ganz einfach selbst gemacht, verschwinden die Knusperberge mit einem Haps im Mund.

→ Ergibt ca. 30 Stück.

- 400 g Halbbitterschokolade
- 50 g vegane Milchschokolade
- 2 TL Kokosfett
- 100 g leicht gesüßte Cornflakes
- 100 g Mandelstifte

Die Schokolade hacken und mit dem Kokosfett im Wasserbad schmelzen. Sobald die Schokolade geschmolzen ist, Cornflakes und Mandelstifte unterheben. Mit einem Teelöffel kleine Häufchen auf Alufolie setzen und erkalten lassen.

Die Knusperberge halten sich im Kühlschrank 4–5 Tage frisch.

TIPP:

Die Knusperberge lassen sich auch als fruchtige Variante zubereiten. Einfach zusätzlich 80 g gehackte Feigen und die abgeriebene Schale einer ½ Orange unter die Schokolade mischen. Verpackt in bunte Tütchen, sind die Knusperberge ein schönes Mitbringsel.

GEBRANNTE MANDELN

Es knackt und knuspert und ich kann einfach nicht mehr aufhören zu knabbern. Gut, dass der Großteil schon in Tüten verpackt als Geschenk bereitsteht.

→ Ergibt 400 g, die sich gut in 8 Portionen à 50 g aufteilen lassen.

200 g Feinzucker
1 Pck. Vanillezucker
1 Msp. gemahlener Zimt
100 ml Wasser
200 g Mandeln

Zucker, Vanillezucker, Zimt und Wasser zum Kochen bringen. Die Mandeln zugeben. Bei mittlerer Hitze die Masse ständig mit einem Holzlöffel rühren. Beim Weiterkochen wird der Zucker zunächst trocken, dann beginnt er zu schmelzen, bis er schließlich karamellisiert. Wenn die Mandeln glänzen, die Masse auf ein mit Backpapier ausgelegtes Backblech geben. Zerteilen und abkühlen lassen.

TIPP:

In einer hübschen Tüte verpackt, sind gebrannte Mandeln ein schönes Mitbringsel oder eine süße Zugabe zu einem Geschenk.

LEBKUCHENPRALINEN

Zartschmelzende Pralinen in knackiger, weißer Schokoladenhülle.

→ Ergibt ca. 15 Stück.

Für die Schokoladenhülle:

ca. 200 g vegane weiße Schokolade

Für die Lebkuchenfüllung:

125 g Halbbitterschokolade

30 ml Hafer Cuisine (oder eine andere Pflanzensahne)

10 g vegane Butter oder Margarine

40 g dunkles Nougat

½ TL Lebkuchengewürz (siehe Seite 15)

Für das Dekor:

Dekorfolie

Küchenthermometer

Pralinenförmchen

Palette

Spritzbeutel mit großer Lochtülle

Die Schokolade temperieren. Dafür Schokolade hacken und 120 g davon im Wasserbad auf etwa 42 °C erwärmen, dann 50 g Schokolade zugeben und mit der geschmolzenen Schokolade verrühren, bis die Schokomasse auf knapp unter 27 °C heruntergekühlt ist. Abschließend die Schokolade wieder vorsichtig auf 29 °C erwärmen. Nun kann sie verarbeitet werden: Die Pralinenförmchen mit der Schokolade bestreichen. Dazu an den Rändern und in den feineren Ecken einen kleinen Pinsel verwenden. Die Förmchen mindestens 15–30 Minuten kalt stellen. Den Vorgang eventuell wiederholen, damit stabile Schalen entstehen und die dunkle Füllung später nicht durch die weiße Hülle scheint.

Die Halbbitterschokolade mit der Pflanzensahne, der veganen Butter und dem Nougat schmelzen, dann das Lebkuchengewürz einrühren. Die Masse mit einem Spritzbeutel mit großer Lochtülle sauber in die Förmchen spritzen und 30 Minuten kalt stellen. Damit die Pralinen saubere Konturen erhalten, alle überstehenden Schokoladenkanten mit einem scharfen Messer entfernen. Zum Abschluss die restliche weiße Schokolade erneut temperieren (s. o.), zum Herunterkühlen die restliche Schokolade verwenden. Auf die Förmchen verteilen und überschüssige Schokolade mit der Palette abstreifen.

Die Pralinen 2–3 Stunden in den Kühlschrank stellen, dann vorsichtig aus der Form lösen.

TIPP:

Wer Dekorfolie verwenden möchte, legt diese auf den noch warmen Schokoladenüberzug der Pralinen, bis diese erkaltet sind. Dann die Trägerfolie der Dekorfolie vorsichtig abziehen. Zurück bleibt das gewünschte Muster auf der Praline.

SCHOKI

EINMAL UM DIE WELT

PANETTONE

Das italienische Hefegebäck verführt mit einer buttrigen Note und fruchtigem Inhalt.

Panettone ist ursprünglich eine Mailänder Spezialität, wird aber mittlerweile in ganz Italien während der Weihnachtszeit serviert.

→ Ergibt 1 Kuchen von 18 cm Ø.

- 20 g frische Hefe
- 300 ml Pflanzendrink
- 80 g Zucker
- ½ TL Salz
- Mark von 1 Vanilleschote
- abgeriebene Schale von 1 unbehandelten Orange
- 250 g Weizenmehl Type 550
- 200 g Weizenmehl Type 405
- 70 g vegane Butter oder Margarine
- 50 g getrocknete Aprikosen
- 50 g Orangeat
- 50 g ganze Pistazienkerne
- 50 g Rosinen
- vegane Butter zum Einfetten
- Puderzucker zum Bestäuben

Panettone-Springform, 18 cm Ø

Die Hefe mit 4 EL Pflanzendrink und 1 EL Zucker glatt rühren, dann den restlichen Pflanzendrink zugeben. Zugedeckt bei Raumtemperatur über Nacht ruhen lassen, bis die Hefe Bläschen schlägt. Am nächsten Tag Salz, Vanillemark, den restlichen Zucker, Orangenschale und die Hälfte des Mehls unter den Vorteig rühren. 50 g vegane Butter zu Flöckchen verarbeiten und hinzufügen, dann das verbliebene Mehl einarbeiten. Den Teig in einer mit Mehl bestäubten Schüssel zugedeckt bei Raumtemperatur 1 Stunde gehen lassen.

Den Backofen auf 200 °C Ober-/Unterhitze vorheizen.

Aprikosen, Orangeat und Pistazienkerne hacken und mit den Rosinen in den Teig einrühren. Den Teig in einer gefetteten Panettone-Backform zugedeckt bei Raumtemperatur weitere 20 Minuten ruhen lassen. Anschließend an der Kuppel 1 cm tief einschneiden und die restlichen 20 g weiche vegane Butter daraufgeben.

Den Panettone 10 Minuten bei 200 °C backen, dann die Temperatur reduzieren und bei 150 °C etwa 25 Minuten weiter-backen. Aus dem Backofen nehmen, abkühlen lassen und vorsichtig aus der Form lösen. Mit Puderzucker bestäubt servieren.

TIPP:

Wer keine Panettone-Springform hat, kann einen passenden kleinen Topf einfetten und mit Backpapier auslegen und den Rand damit auf mindestens 20 cm erhöhen.

MIAM
MIAM

CHRISTMAS PUDDING

Die englische Antwort auf Stollen:
saftig, fruchtig und alkoholisch …

Christmas Pudding wird in England traditionell am 25. Dezember serviert: Er wird dekoriert, mit Rum oder Brandy begossen und flambiert.

→ Ergibt 1 Kuchen von 18 cm Ø.

- 1 mittelgroßer Apfel
- 1 EL Zitronensaft
- 50 g Orangeat
- 100 g Sultaninen
- 80 g Korinthen
- 40 g blanchierte und gehobelte Mandeln
- 50 ml Brandy (oder Rum)
- 20 ml Orangensaft
- ½ TL gemahlener Zimt
- je 1 Msp. gemahlene Muskatblüte, Kardamom, Ingwer, Koriander, Nelken
- ¼ TL geriebene Muskatnuss
- 60 g trockenes Weißbrot (oder 1–2 trockene helle Brötchen)
- 60 g Weizenmehl Type 550
- 100 g Rohrohrzucker
- 1 EL Pfeilwurzmehl
- ½ TL Backpulver
- Abrieb von ½ unbehandelten Zitrone
- 1 Prise Salz
- 100 g vegane Butter oder Margarine, zimmerwarm zzgl. etwas zum Einfetten

- Gugelhupf- oder Puddingform, 18 cm Ø
- Küchengarn oder Kordel

Den Apfel schälen und in eine kleine Schüssel reiben. Mit dem Zitronensaft mischen. Orangeat hacken und mit den Sultaninen, Korinthen und Mandeln zum Apfel geben. Brandy, Orangensaft und Gewürze zugeben und alles mischen. Die Masse ca. 15 Minuten ziehen lassen.

Unterdessen das Brot zerkrümeln und zusammen mit Mehl, Zucker, Pfeilwurzmehl, Backpulver, Salz und Zitronenabrieb in einer Rührschüssel mischen. Die weiche vegane Butter zugeben und mit der Gabel oder den Knethaken des Rührgeräts zu Streuseln verarbeiten.

Früchte-Gewürz-Mischung zum Teig geben und alles mit einem Holzlöffel mischen.

Die Form fetten und mit 2–4 Backpapierstreifen auslegen, sodass sich der Kuchen später leichter aus der Form lösen lässt. Den Kuchenteig in die Form geben und diese mit gefettetem Backpapier verschließen, das einen etwas größeren Durchmesser als die Form hat. Darauf Alufolie legen, die ebenfalls etwas übersteht. Beides mit einer Kordel rund um die Backform fixieren. Die Backform in einen ausreichend großen, mindestens zur Hälfte mit Wasser gefüllten Topf stellen und mit einem Deckel beschweren, damit kein Wasser in den Kuchen läuft. Bei mittlerer Hitze 4–5 Stunden köcheln lassen. Achtung: Immer wieder Wasser nachfüllen.

Die Form aus dem Wasserbad nehmen und vollständig abkühlen lassen. Dann Backpapier und Alufolie abnehmen und den Kuchen vorsichtig aus der Form lösen. Stürzen und mit Puderzucker bestäubt servieren.

TIPP:

Pudding vor dem Servieren noch mal für ca. 30 Minuten im Wasserbad erhitzen.

Bûche de Noël

Die französische Biskuitrolle wird zu Weihnachten mit Schokomousse, Nougat oder Karamellcreme gefüllt und sieht mit ihrer Baumstammoptik super dekorativ aus.

→ Ergibt 1 Biskuitrolle mit ca. 8 Stücken.

Für den Biskuitteig:

- 100 g Weizenmehl Type 405
- 50 g Feinzucker
- 1 Msp. Vanillepulver
- abgeriebene Schale von ½ unbehandelten Orange
- ½ TL Backpulver
- 1 Prise Salz
- 20 ml neutrales Pflanzenöl
- 70 ml Mineralwasser
- 20 ml Orangensaft
- 3 EL Ei-Ersatz-Pulver (oder 2 EL Pfeilwurzmehl)
- 70 ml Wasser
- Zucker zum Bestreuen

Für die Nougatfüllung:

- 250 g aufschlagbare vegane Sahne
- 2 EL Zucker
- 1 Prise Salz
- 1 EL Sahnesteif
- 1 geh. EL Kakao
- 1 Msp. Vanillepulver
- 100 g Zartbitterschokolade
- 50 g dunkles Nougat
- 1 Prise gemahlener Koriander
- Abrieb von ¼ unbehandelten Orange

Für das Dekor:

- 50 g Zartbitterkuvertüre
- 1 EL Feinzucker
- 2 EL gehobelte Haselnüsse

Palette

Den Backofen auf 190 °C Ober-/Unterhitze vorheizen.

Mehl, Zucker, Vanille, Orangenabrieb, Backpulver und Salz in einer Rührschüssel mischen. Öl, Mineralwasser und Orangensaft zugeben und alles glatt rühren. Ei-Ersatz mit dem Wasser aufschlagen und unterheben.

Ein Backblech mit Backpapier auslegen. Den Teig auf eine Hälfte des Blechs geben, glatt streichen und 12–15 Minuten backen. Ein feuchtes Küchentuch mit Zucker bestreuen und den Biskuit sofort darauf stürzen. Das Backpapier vorsichtig abziehen und den Biskuit von der Längsseite her mit dem Tuch locker aufrollen. Vollständig auskühlen lassen.

Inzwischen die Sahne mit Zucker, Salz und Sahnesteif aufschlagen. Kakao und Vanille zugeben und untermischen. Die Schokolade hacken und das Nougat würfeln. Beides in einer Schüssel über dem Wasserbad unter Rühren schmelzen. Die Schokoladen-Nougat-Mischung unter die Sahne heben und mit Koriander und Orangenabrieb verfeinern.

Die Creme 30 Minuten kalt stellen. Anschließend Biskuitrolle entrollen und rechts und links begradigen. Zwei Drittel der Creme darauf verteilen und dabei einen ca. 2 cm breiten Rand frei lassen. Biskuit mithilfe des Küchentuchs von der Längsseite her aufrollen. Die Biskuitrolle mit der restlichen Creme rundherum bestreichen und mindestens 2–3 Stunden kalt stellen.

Kuvertüre hacken und in einer Schüssel über dem Wasserbad unter Rühren schmelzen. Mit einer Palette die geschmolzene Schokolade dünn auf Alufolie streichen. Leicht antrocknen lassen und mit einem Küchenspachtel vorsichtig halbrunde Späne ab-schaben. Feinzucker und Nüsse in einer Pfanne bei mittlerer Hitze karamellisieren und dann auskühlen lassen. Die Bûche mit der Palette aufstreichen und mit der Gabel Rillen ziehen. Mit der gehobelten Schokolade und den karamellisierten Haselnüssen dekorieren.

Tipp:

Wer mag, kann als Highlight Goldpulver und zuckrige Schneeflocken über die Bûche geben.

MIAMMIAM

LUSSEKATTER

Knusprig, fruchtig und mit dem Safran einen Hauch exotisch sind die feinen schwedischen Lussekatter. Hier eine Abwandlung des Hefegebäcks als Keksvariante.

Lussekatter werden in Schweden am 13. Dezember zum Santa-Lucia-Fest, dem Lichterfest, gereicht. Wörtlich übersetzt bedeutet der Name des leckeren Safrangebäcks „Lucia-Katzen". Wie hübsch!

→ Ergibt ca. 80 Stück.

Für den Plätzchenteig:

- 300 g Weizenmehl Type 550
- 50 g blanchierte und gemahlene Mandeln
- 100 g Rohrohrzucker
- 1 Msp. Vanillepulver
- 1 Msp. Ingwerpulver
- 1 Prise gemahlene Safranfäden
- abgeriebene Schale von ¼ unbehandelten Orange
- 200 g vegane Butter oder Margarine, zimmerwarm
- 3 EL Pflanzendrink
- 30 g getrocknete Cranberrys

Mehl, Mandeln, Zucker, Vanille, Gewürze und Orangenschale in einer Rührschüssel mischen. Mit veganer Butter und Pflanzendrink zu einem glatten Teig verkneten. Den Teig in Frischhaltefolie wickeln und 1 Stunde kalt stellen.

Den Backofen auf 180 °C Ober-/Unterhitze vorheizen.

Den Teig auf einer bemehlten Arbeitsfläche zu langen Teigwürsten formen und gleich große, ca. 10 cm lange Stücke abschneiden. Diese Röllchen an beiden Enden in entgegengesetzter Richtung einrollen, sodass ein „S" entsteht. Oben und unten jeweils eine ½ Cranberry in das „S" drücken.

Plätzchen auf ein mit Backpapier ausgelegtes Backblech legen und 10–12 Minuten backen. Aus dem Ofen nehmen und vollständig auskühlen lassen.

Für Dich
Für Dich
ILKA

Mokka-Biscotti

Diese doppelt gebackenen Biscotti sind die Wachmacher-Variante des italienischen Klassikers.

→ Ergibt ca. 80 Stück.

Für den Teig:

- 200 g Dinkelmehl Type 630
- 300 g Weizenmehl Type 405
- 250 g feiner Rohrohrzucker
- 1 TL Vanillezucker
- 30 g Speisestärke
- 1 TL Backpulver
- 1 geh. TL Instant-Espressopulver
- 1 Prise Salz
- 125 ml Sonnenblumenöl
- 25 ml Kaffeelikör
- 125 ml Soja-Reis-Drink
- 180 g Schokotropfen

Den Backofen auf 180 °C Ober-/Unterhitze vorheizen.

Mehl, Zucker, Vanillezucker, Stärke, Backpulver, Espressopulver und Salz in einer großen Rührschüssel mischen. Mit Öl, Likör und Pflanzendrink zu einem glatten Teig verkneten. Zuletzt die Schokotropfen untermischen. Drei längliche Laibe formen, auf ein mit Backpapier ausgelegtes Backblech legen und ca. 45 Minuten backen.

Laibe mindestens 30 Minuten auskühlen lassen, dann in 1–2 cm dicke Scheiben schneiden. Von beiden Seiten auf 180 °C jeweils weitere 5–10 Minuten backen.

Die Biscotti gut auskühlen lassen und anschließend in einer Glas- oder Metalldose aufbewahren.

MERRY CHRISTMAS MERRY CHRISTMAS MERRY CHRISTMAS MERRY CHRISTMAS

KARDAMOM-SCHOKO-SHORTBREAD

Englisches Teegebäck mit arabischer Note:
Dem Kardamom wird eine aphrodisierende Wirkung nachgesagt …

Shortbread gehört zur englischen Tea Time! Mit Kardamom und Vanille wird's nicht nur very british, sondern auch schön weihnachtlich.

→ Ergibt ca. 25 Stück.

Für den Mürbeteig:

140 g vegane Butter oder Margarine, zimmerwarm

90 g Rohrohrzucker

1 EL Stärke

200 g Weizenmehl Type 405

2 EL Kakao

¼ TL Vanillepulver

3–4 zerstoßene Kardamomkapseln

½ TL Meersalz

Vegane Butter mit Zucker und Stärke in einer Rührschüssel schaumig schlagen. Mehl, Kakao, Vanille, Kardamom und Salz zugeben und mit einer Gabel oder einem Knethaken kurz durchmischen. Mit den Händen zu einem festen Teig verkneten. Den Teig in Frischhaltefolie wickeln und 1 Stunde kalt stellen.

Den Backofen auf 180 °C Ober-/Unterhitze vorheizen.

Den Teig portionsweise auf einer mit Mehl bestäubten Arbeitsfläche ca. 5 mm dick ausrollen. In 1,5 x 8 cm große Streifen schneiden. Diese auf ein mit Backpapier ausgelegtes Backblech legen und mit der Gabel mehrmals einstechen.

Teigstreifen 12–14 Minuten backen. Auf dem Blech auskühlen lassen.

RICH CHOCOLATE COOKIES

Schokokekse für bekennende Süchtige.
Wer kann das besser als die Amerikaner?

→ Ergibt ca. 40 Stück.

Für den Teig:

180 g vegane Butter oder Margarine, zimmerwarm

160 g Rohrohrzucker

160 g Weizenmehl Type 405

1 EL Kakao

Mark von 1 Vanilleschote

1 geh. TL Backpulver

¼ TL Meersalz

150 g dunkle Kuvertüre

Für das Dekor:

180 g Puderzucker

Vegane Butter und Zucker in einer Rührschüssel schaumig schlagen. Mehl, Kakao, Vanillemark, Backpulver und Salz zugeben. Die Kuvertüre fein hacken und in einer Schüssel über dem Wasserbad unter Rühren schmelzen. Zum Teig geben und unterrühren. Den Teig in Frischhaltefolie wickeln und 1 Stunde kalt stellen.

Den Backofen auf 180 °C Ober-/Unterhitze vorheizen.

Den Teig auf einer mit Mehl bestäubten Arbeitsfläche zu einer Rolle formen. Gleichmäßige Stücke abschneiden und diese zu Kugeln von ca. 2 cm ø formen. Die Kugeln mehrmals kräftig in Puderzucker wälzen und im Abstand von ca. 3 cm auf ein mit Backpapier ausgelegtes Backblech legen. Kekse 12–14 Minuten backen. Die Cookies sind fertig, wenn die Zuckerschicht aufbricht und sich der Schokokeks darunter zeigt.

Kekse vollständig auskühlen lassen. Erst dann sind sie fest und knusprig und können aufbewahrt werden.

BASLER LECKERLI

Würzig-süße Quadrate mit Suchtpotenzial – was die Schweizer seit Jahrhunderten können, können wir auch.

→ Ergibt ca. 60 Stück.

Für den Teig:

400 g Weizenmehl Type 550

100 g Rohrohrzucker

2 TL Backpulver

1 TL gemahlener Zimt

½ TL gemahlene Nelken

1 Msp. gemahlene Muskatblüte

200 g Agavendicksaft

80 g Ahornsirup

150 g blanchierte und gemahlene Mandeln

60 g Orangeat

60 g Zitronat

2 EL Kirschwasser

4 EL Pflanzendrink

Für die Glasur:

4 geh. EL Puderzucker

1 EL Kirschwasser

3 EL heißes Wasser

Pralinengitter

Mehl, Zucker, Backpulver, Zimt, Nelken und Muskatblüte in einer Rührschüssel mischen. Agavendicksaft und Ahornsirup mit dem Holzlöffel locker unterheben. Mandeln, Orangeat und Zitronat zugeben und mit Kirschwasser und Pflanzendrink zu einem Teig verkneten.

Den Teig auf einem mit Backpapier ausgelegten Blech ca. 5 mm dick ausrollen und zugedeckt 12 Stunden bei Raumtemperatur ruhen lassen.

Den Backofen auf 190 °C Ober-/Unterhitze vorheizen.

Den Teig 15–20 Minuten backen und noch warm in etwa 4 × 4 cm große Quadrate schneiden.

Für die Verzierung Puderzucker, Kirschwasser und Wasser verrühren und auf die Leckerli streichen. Plätzchen vom Blech nehmen und den Guss auf einem Pralinengitter trocknen lassen. Erst dann in einer Dose luftdicht verstauen.

Lecker

GLOSSAR

Abkühlen lassen: Das Gebäck (oder die Creme) soll die Temperatur etwas reduzieren, bis es lauwarm ist.

Abrieb: abgeriebene Schale von beispielsweise Zitrusfrüchten. Beim Reiben darauf achten, dass die Schale nur ganz dünn abgerieben wird. Die weiße Haut soll unberührt bleiben.

Abtropfen lassen: Den Joghurt in einem Kaffeefilter auf einen tiefen Teller stellen und über Nacht im Kühlschrank aufbewahren, bis er ein Drittel seiner Flüssigkeit verloren hat.

Anrühren: Geliermittel oder Stärke sollten vor dem Aufkochen mit Zucker und 2 EL Flüssigkeit mit einem Schneebesen gerührt werden, bis keine Klümpchen mehr enthalten sind.

Arbeitsfläche: Die Arbeitsfläche sollte glatt sein und ausreichend Platz zum Arbeiten bieten. Sie wird vor dem Ausrollen von Teig mit Mehl bestäubt, so bleibt dieser nicht haften und lässt sich gut lösen.

Aufkochen: Flüssigkeit bei mittlerer Hitze kochen, bis sich Bläschen bilden. Darauf achten, dass insbesondere Sahne und Pflanzendrink nicht überkochen.

Aufschlagen: Cremes oder vegane Butter mit einem Schneebesen schlagen, bis sich das Volumen vergrößert hat und die Creme oder vegane Butter heller wird.

Auskühlen lassen: Das Gebäck (oder die Creme) bei Zimmertemperatur stehen lassen, bis es diese erreicht hat.

Ausrollen: Den Teig auf die mit Mehl bestäubte Arbeitsfläche legen und mit einem Rollholz flach ausrollen. Wie dick, hängt vom Teig und der Verwendungsform ab.

Befeuchten: Einen Pinsel in Wasser oder Pflanzendrink tauchen und auf einem Küchentuch abtupfen. Damit das Gebäck anfeuchten.

Beträufeln: Trockenfrüchte und Obst tropfenweise mit Alkohol oder Saft begießen.

Blanchieren: Mandeln in eine Rührschüssel geben und mit heißem Wasser übergießen. 5 Minuten ziehen lassen, dann das Wasser abschütten und die Haut von den Mandeln lösen.

Butter, vegan: Dieser Begriff bezeichnet die hochwertige Form von pflanzlicher Margarine. Ich achte darauf, dass die vegane Butter keine gehärteten Fette oder Zusatzstoffe enthält. Der Geschmack ist dem der Kuhmilchbutter sehr ähnlich, und dies beeinflusst maßgeblich den Geschmack des Gebäcks.

Buttern: siehe Fetten.

Einarbeiten: Zutaten in den Teig kneten.

Feinzucker: ist raffinierter weißer Zucker mit feiner Körnung. Er eignet sich besonders gut für Feingebäck, da er sich schnell auflöst und mit den anderen Zutaten im Teig verbindet.

Fetten: Eine Messerspitze vegane Butter auf ein Stück Backpapier geben und die Backform damit ausreiben, bis sie glänzt. Dann den Teig einfüllen.

Filet (Zitrusfrüchte): Um Zitrusfrüchte zu filetieren, wird die Frucht zunächst geschält. Dann mit einem scharfen Messer entlang der Häutchen fahren und das Fruchtfleisch in Filets herauslösen.

Fleur de Sel (Salzblume): ist das teuerste Meersalz der Welt. Es sammelt sich an der Wasseroberfläche und wird von Hand abgeschöpft und ungewaschen verkauft. Das Salz hat ein sehr blumiges, mineralisches Aroma und verleiht Speisen und Gebäck eine feine Note.

Fondant: bezeichnet eine weiche, pastöse Zuckermasse, die als Überzug für Gebäck und Torten verwendet wird.

Ganache: ist eine zart schmelzende Füllung aus Kuvertüre und Sahne.

Gehen lassen: Hefeteig geht am besten mit einem Tuch bedeckt an einem warmen und geschützten Ort. Eine Außentemperatur von 40 °C sollte dabei nicht überschritten werden, ideal ist eine Temperatur von ca. 32 °C.

Karamellisieren: Zucker wird in einem Kochtopf unter ständigem Rühren erhitzt, bis er zu schmelzen beginnt und eine goldbraune Farbe annimmt.

Krümeln: mit den Fingern in feine Krümeln zerteilen.

Kühlen/kalt stellen: Plätzchenteig sollte vor dem Ausstechen im Kühlschrank 1–2 Stunden gekühlt werden. So behalten die Plätzchen beim Backen ihre Form.

Kuvertüre: Diese Schokolade enthält mehr Fett (im besten Fall reine Kakaobutter) als Tafelschokolade und eignet sich zum Überziehen von Gebäck.

Margarine: siehe Butter, vegan.

Milchschokolade (vegan): helle Schokolade, vergleichbar mit konventioneller Milchschokolade. Zutaten sind neben Kakaomasse, Kakaobutter und Zucker auch Soja oder Reis.

Pflanzendrink: Ersetzt in veganen Rezepten die Kuhmilch und reicht von dem allseits bekannten Sojadrink über Reis- und Dinkel- bis zu Kokos- und Mandeldrink. Die meisten Sorten besitzen einen vergleichbaren Eiweißgehalt und können daher in den Rezepten beliebig untereinander ausgetauscht werden. Beim Kauf darauf achten, dass der Pflanzendrink ungesüßt ist.

Palette: Werkzeug zum Glattstreichen von Rührteigen und Cremes. Winkelpaletten sind am vielseitigsten.

Passieren: Die Masse oder Füllung wird mit einem Löffel durch ein feines Sieb gestrichen.

Rösten: Nüsse oder Gewürze in der Pfanne ohne Öl bei mittlerer Hitze rösten, bis sie goldgelb glänzen und sich ein feiner Geruch verbreitet.

Pflanzensahne: Pflanzliche Sahne reicht von Soja- über Hafer- bis zu Reissahne. Je nach Vorliebe können die Sahnesorten untereinander ausgetauscht werden, der Fettgehalt sollte vergleichbar sein. Für die Verarbeitung die Packungsanleitung berücksichtigen.

Schaumig rühren: siehe Aufschlagen.

Sieben: Für bestimmte Rezepte sollten Puderzucker und Mehl durch ein Sieb gegeben werden, damit keine Klümpchen entstehen.

Stürzen: Kuchen und Feingebäck in der Form erkalten lassen. Dann den Rand von innen mit einem dünnen Messer abfahren und das Gebäck vorsichtig aus der Form lösen.

Temperieren: bezeichnet das Schmelzen, Abkühlen und erneute Aufwärmen von Schokolade auf die Verarbeitungstemperatur. Die in der Schokolade enthaltene Kakaobutter kann sechs unterschiedliche Kristallformen annehmen. Nur eine davon sieht makellos aus und hat ein schönes Knacken beim Draufbeißen. Um diese Kristallform zu erreichen muss die Schokolade temperiert werden. Für die sogenannte Impfmethode zunächst zwei Drittel der benötigten Schokoladenmenge im Wasserbad schmelzen. Die geschmolzene Schokolade aus dem Bad nehmen und die restliche gehackte Schokolade unterziehen, bis diese geschmolzen ist. Die ganze Schokolade zuletzt noch einmal im Wasserbad leicht erwärmen. Wenn sie geschmeidig ist und glänzt, hat sie Verarbeitungstemperatur. Je heller die Schokolade, desto hitzeempfindlicher ist sie.

Überziehen: Das Gebäck auf ein Kuchengitter setzen und die geschmolzene Schokolade oder Zuckerglasur mit einem Löffel darübergeben. Die Glasur abtropfen lassen.

Wasserbad: Schokolade wird im Wasserbad geschmolzen. Dazu einen Topf mit warmem (max. 45 °C heißen) Wasser füllen und ein Behältnis mit der gehackten Schokolade hineinhängen. Darauf achten, dass zum einen das Wasser nicht zu heiß wird, da die Schokolade sonst verbrennt. Zum anderen darf kein Wasser in den Schokoladentopf gelangen.

Zimmerwarm: Vegane Butter und Pflanzendrink lassen sich am besten bei Raumtemperatur (18–22 °C) verarbeiten. Dazu die benötigten Zutaten ca. 60 Minuten vor dem Backen aus dem Kühlschrank nehmen.

ALLES FÜR DIE KÜCHENFEE – WO BEKOMMT MAN WAS?

Durch die Shops zu stöbern, macht online fast genauso viel Spaß wie im richtigen Laden, wenngleich man dort alles betrachten und anfassen kann und jede Küchenfee sicher ihr ganz spezielles Lieblingslädchen hat. Die Auswahl in den Online-Shops scheint unendlich – und sie locken in ihre ganz eigene Welt voller kunterbunter Kleinigkeiten, nützlicher Küchenhelfer und süßer Zutaten.

Ich stelle Euch hier meine absoluten Favoriten vor, bei denen ich nicht nur immer etwas Schönes finde, sondern auch gerne länger verweile.

Emil & Paula
www.emilundpaula.de

Emil & Paula ist ein zuckersüßer Onlineshop für Küche und Wohnen. Mit Dekomaterial, Geschirr und Wohnaccessoires beflügelt die Homepage alle Sinne und verzaubert mit fröhlichen Farben. Hier findet jeder etwas – ganz gleich, ob man auf der Suche war oder nicht.

Keimling
www.keimling.de

Keimling ist ein sympathischer Webshop mit einer Riesenauswahl an leckeren veganen Zutaten in Rohkostqualität. Getrocknete Früchte, Körner und Kakaoprodukte können pur genossen oder in Cremes und Torten verarbeitet werden. Darüber hinaus hat Keimling für die anspruchsvolle Küchenfee Profi-Küchengeräte im Shop. Ob Super-Mixer oder Saftpresse, hier kann keiner wiederstehen.

Rapunzel
www.rapunzel.de

„Wir machen Bio aus Liebe" verrät das Traditionsunternehmen. Mit unglaublichem Engagement und unermüdlichem Elan setzt sich Rapunzel seit nunmehr 40 Jahren für nachhaltigen Anbau in der Biobranche ein. Die köstlichen Erzeugnisse reichen von Trockenfrüchten und Süßungsmitteln über Pasta bis zu Schokolade und Feinkostöl.

Alles Vegetarisch
www.alles-vegetarisch.de

Der Onlineshop für vegane Köstlichkeiten – wohin das Auge blickt. Weiße Schokolade und Gummibärchen, genau wie Tofu, Joghurt und Käse auf Nussmilch-Basis. Und ist einmal eine Frage offen, so kann man die hilfsbereiten Mitarbeiter des Shops auch telefonisch erreichen.

Pati-Versand
www.pati-versand.de

Der Pati-Versand ist ein Online-Fachhandel für den Hobby-Pâtissier. Er bietet ein großes Sortiment an Zubehör (Schüsseln, Pinsel, Thermometer, Ausstecher etc.) und auch vegane Zutaten – alles, was man sich zum Backen wünscht: Kuvertüre in Bioqualität, Hohlkugeln und Glasuren, veganen Fondant und Fruchtpulver … So gelingt jede Torte.

Silikomart
www.silikomart.com

Das italienische Unternehmen fertigt Designformen zum Backen und Gefrieren. Die bunten Formen verzaubern; von Keksausstechern bis zu Tortenformen ist alles dabei. Die Macher haben sich etwas einfallen lassen und bieten zu Förmchen, Ausstechern & Co. Dekobeispiele und Rezeptanregungen. (Achtung: nicht vegan.)

Torten-Boutique
www.torten-boutique.de

Dekoratives rund um Motivtorten – Förmchen, Torten- und Cupcake-Ständer, traumhafte Verpackungen und außergewöhnliche Ausstecher. Vieles kommt direkt aus England.

VORLAGEN & DEKO

Ein paar Anregungen für die, die gerne kreativ werden und ihr Gebäck auch noch hübsch verpacken möchten.

Noch mehr Vorlagen findet Ihr auf:
www.veganpassion.de/Vorlagen.html

Hübsch hergemacht mit Schleifchen drauf, sieht der Cookie nach Liebe aus.

Yummy
Yummy
Yummy
Yummy
Yummy
Yummy

Falttütchen veganpassion

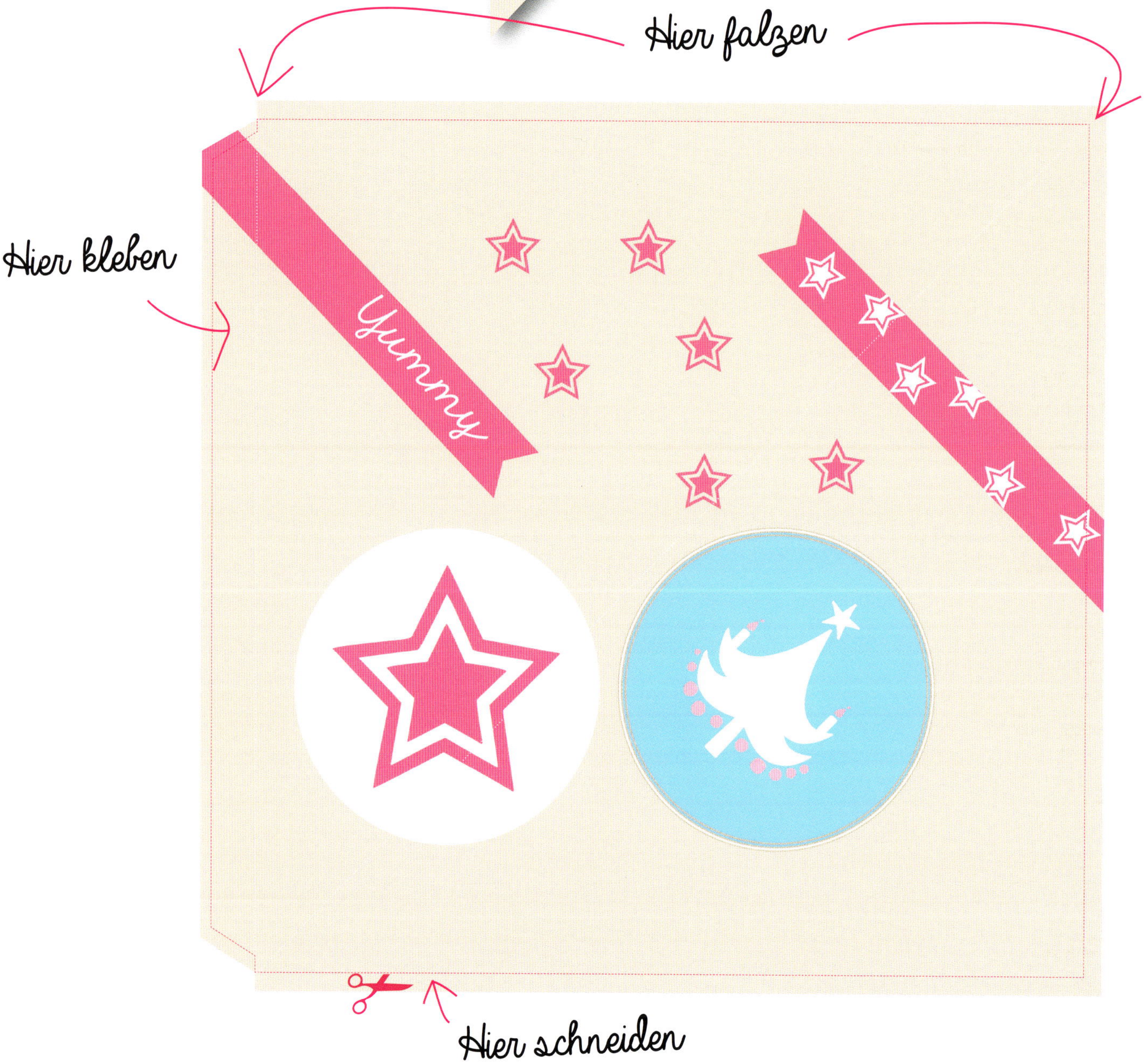

REGISTER

Emil-Hoffmann-Straße 1

D-50996 Köln

Rezepte und Texte: Stina Spiegelberg, veganpassion, Pforzheim

Fotografie: Maria Brinkop, Hildesheim

Redaktion: Susanne Völler, Köln

Lektorat: Susanne Völler, Anne Winterling, Köln

Layout, Satz und Umschlaggestaltung: Christa Marek, Köln

Produktherstellung: Konditorei Süßes Leben,
Alfons Markiewicz, Braunschweig

Gesamtherstellung: Fackelträger Verlag GmbH, Köln

ISBN 978-3-7716-4582-3

Printed in EU

www.fackeltraeger-verlag.de

Danke

Ein großer Dank geht an Ilka Grunenberg für ihren unermüdlich liebevollen Einsatz und ihr gutes Herz. Das Buch wäre ohne dich nicht das Gleiche. Maria Brinkops Talent kann ich gar nicht oft genug würdigen. Ein herzliches Dankeschön an Alfons Markiewicz, der seine wertvolle Zeit in dieses Buch investiert hat.

Kontakt

Informationen zu Kursen, Vorträgen und Catering findest du hier: www.veganpassion.de

Rezepte fürs vegane Glück gibt's hier: http:// veganpassion. blogspot.de

Und sollte einmal eine Frage offen sein, erreichst du mich per E-Mail: kontakt@veganpassion.de